シナリオで学ぶ

医療現場の臨床心理検査

津川律子・篠竹利和 著

誠信書房

はじめに

　医療において臨床心理職に求められている専門業務のなかで，心理検査が重要なものとして位置していることに異論は出ないであろう。心理検査を通じて，受けたご本人もまだ気づいていない側面を含め，対象者の個人特徴を多角的・多層的に抽出し，それを治療や支援へつなげることができる。これが，どんなに素晴らしい業務なのか，臨床心理職として心理検査能力を身につけて実践している臨床家にとって，その醍醐味と重要性に関して，どんなに熱く語っても語り尽くせないと思う。

　ところが，最近，医療現場で働いている同業者だけでなく，医師などの関係職種に，ビギナーの心理検査能力に関する危惧を指摘されることが多くなってきた。残念なことに，同じ実感を医療現場で持っている私としては，お節介にも，いつか臨床心理検査の入門書を書かないといけないのではないかと感じていた。そして，もしも書くのなら，この道のエキスパートである篠竹利和先生とご一緒するのが最善と考え，何の企画もない段階から篠竹先生に共著のご内諾を得ていた。そこへ，誠信書房編集部からこのテーマの教科書について打診された。早速，企画書を書いて編集部にお送りすると，すぐにお返事がきて，とんとん拍子に出版の企画が進んだ。

　臨床心理学業界ではビギナーが急増し，臨床現場で充分な経験を積んだ指導者層の割合が少なくなっているというゆゆしき状況に傾いており，真面目でやる気があっても，医療における経験豊富な指導者につけない方々が多く存在する。そのため，心理検査にまつわる臨床実務を少しでも伝達することを本書の目的とした。各々の心理検査の施行マニュアルは刊行されていても，実際に心理検査を実施するときの臨床接遇にはじまって，医療における臨床心理検査の基本姿勢（初歩の初歩）を伝える既刊書が今のところ見受け

られないので，それを目指した。読者対象としては，医療における臨床経験がわずかしかない臨床心理職のビギナーに置いた。

　ここまでは順調であった。ところが，実際に書き始めてみると，自分たちが日常の臨床で自然に行っていることを文字にすると，どれだけ膨大な量になってしまうのかを痛感させられることになった。たとえば，心理検査を始める前のわずかな時間に，自分たちが内的に行っていることの多さと複雑さを，書くことによって改めて突きつけられた。書けば書くほどきりがなくなり，これではどれだけ書けば出版できるのだろうという気分にすら陥ったが，出版予定期日という現実が私たちを救ってくれた。脱稿した今も，あれが足りない，これも書き足したいという思いに駆られてしまうが，医療における臨床心理検査の"初歩の初歩"が読者に少しでも伝わり，心理検査がより好きになっていただければと心から願っている。忌憚ないご意見を読者から頂戴できれば幸いである。

　なお，WAIS-Ⅲに関する執筆部分は，山中克夫先生（筑波大学）にご高閲をいただいた。記して感謝申し上げたい。

　最後に，「医療現場」と「臨床心理検査」という双方の魅力に満ちた世界に私たち二人を導いてくださった恩師の細木照敏先生（1920.10.12―1991.5.25）に本書を捧げたい。細木先生との出会いがなければ，私たち二人の職業人としての現在はない。いま，細木先生は住所を天国に移されてしまった（先生はクリスチャン）ので，このところ私たちは指導を受けられていない。本書が天国に届きますように。

　2010年5月25日

津川　律子

目　次

はじめに　*iii*

第1章　心理検査を行う前に　　　　　　　　　　　　　　　　*1*

詳説A　医師が心理検査の実施を発想するとき　*12*
詳説B　精神保健福祉法による入院形態　*17*
詳説C　意識レベル（意識水準）　*19*
詳説D　意識障害の分類　*22*
詳説E　錐体外路症状とは　*25*

第2章　心理検査の導入――ラポールの実際　　　　　　　*27*

詳説A　心理検査の受検歴（どのような心理検査を受けたのか？）　*47*
詳説B　SCTの渡し方　*50*
詳説C　インフォームド・コンセントとは　*53*

第3章　心理検査依頼書に基づいた心理検査の実施①
　　　　　――復習を兼ねて　　　　　　　　　　　　　　　*55*

詳説A　WAIS-Ⅲ周辺の諸検査　*69*

第4章　心理検査依頼書に基づいた心理検査の実施②
　　　　──カルテを読むとは？　　　　　　　　　　　77

　詳説A　抑うつ評定尺度の実施をめぐって　*95*
　詳説B　神経心理学的心理アセスメントの留意点　*98*

第5章　検査実施法「熟知」への第一歩
　　　　── WAIS-Ⅲを例として　　　　　　　　　102

　詳説A　子どもの発達・教育支援で行うことの多い心理検査　*122*
　詳説B　下位検査間の評価点の差異を見るポイントと，各々から推測される特徴　*124*
　詳説C　各下位検査において見るべきポイント　*126*

第6章　心理検査の中断をめぐって
　　　　──ロールシャッハ法①　　　　　　　　　130

　詳説A　ロールシャッハ図版の持つ特徴とポイント
　　　　（初歩の初歩）　*148*

第7章　心理検査の終わり方──ロールシャッハ法②　153

　詳説A　ロールシャッハ法で得られるもの　*164*

第8章　子どもと検査で出会うには
　　　　──幼児・児童の心理検査場面　　　　**172**

　詳説A　PF スタディの実施に際して　*186*
　詳説B　描画法について　*190*

付録　ビギナーのために　　　　**195**

　Ⅰ．心理検査の学習方法　*195*
　Ⅱ．検査バッテリー　*202*
　Ⅲ．検査結果のフィードバック　*209*

おわりに　*213*
索　引　*217*

第1章
心理検査を行う前に

新しく赴任した医師から急に「心理検査をやってくれない」と頼まれた!!

◎シーン1◎

　わたしは山田静子。大学院を修了して2年目の臨床心理職。修了後，実家のある県に戻り，某精神科病院（約400床）に週に2日，テスターとして勤務しています。この病院にいる他の臨床心理職は，ベテランの山崎先生（50代男性）が一人だけで，山崎先生がいない日が私の勤務日です。

　今日の午前中，院内を歩いていたら，廊下で見慣れぬ顔の若手精神科医とすれ違いました。ネームバッチから，噂に聞いていた新しい先生で，工藤先生だとわかりました。以前，大学院で指導教員だった佐々木勝子先生から「病院では挨拶が肝心よ」と何度も言われていたのを思い出し，こちらから工藤先生にご挨拶しました。

静　　子：「あのー，先生，はじめまして。心理の山田と申します。よろしくお願いします」
工藤先生：「ああ，ぼく，1日から来ました工藤です。こちらこそよろしく。心理の人ね？　ちょっと，心理検査をやってほしい患者さんがいるんだけど，今日，時間ある？」
静　　子：「あ，あ，ありますけどー」

> 工藤先生：「そう，それじゃ，頼むわ」
> 静　　子：「わ，わかりました」（内心はトホホホ……急に心理検査をふら
> 　　　　　　れちゃった……こりゃあ，やぶ蛇）

さあ，あなたならどうする？・・・

☀セルフチェック！（自分なりに考えをまとめてみましょう）

Q1．この場で山田さんが工藤先生と話し合わなければいけないことは何でしょうか？　優先順位をつけながら，いくつか列挙してください。
Q2．そのうち，最優先事項は何でしょうか？
Q3．工藤先生と話し合った後で，山田さんがやるべきことをいくつか挙げてください。

⇨ 解答は 11 ページです

Q1・Q2の解説

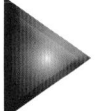
優先順位1・検査目的（依頼目的）を確認する

　心理検査において何が大切かを考えると，検査目的ほど大切なものはありません。しかしその前に，患者を同定するための情報も必要なので，そちらを先に説明しましょう。

■1．患者の確認
　患者名は必ずフルネームで確認します。同姓同名は予想以上に多いので，外来患者か入院患者か，入院患者であれば病棟名や病室の特徴（4人

部屋，個室など），そして性別や年齢も確認します。正確な年齢を医師がその場で言えなくても，おおよその年代を聞いておきます。最終的には，患者のIDナンバーが個人を同定するものとして最重要ですが，立ち話では，医師のみならず病院スタッフ誰でもIDナンバーまでは覚えていません。可能であれば，外見の特徴や普段の様子も聞いておくと（たとえば，背が高い，いつも特徴あるTシャツを着ている，内科病棟のテレビの前にいつもいるなど），患者を間違えるという重大ミスを防げる確率が高まります。

■2．医師への検査目的の質問

　さて，肝心の検査目的ですが，まず，検査を依頼している工藤先生が，どのようなことを知りたいのか，気になっているのかについて，上手に質問することがコツです。決して「検査目的を言ってください」などと紋切り型に質問してはなりません。たとえば，「どんなことで心理検査なんでしょうか」「先生はどこらへんが気になって，心理検査を？」「どんなことが心理検査からわかるといいでしょうか」など，工藤先生が答えやすいような質問を心がけましょう。

　その答えにはさまざまなものが想定されますが，いずれにしても心理検査によって工藤先生にどのような内容を提供すれば，当該患者の利益になるのかを把握することが，この場面において最優先事項です。参考までに，精神科医の回答の代表的な例を以下に挙げました。

> ●精神科医の回答の代表的な例
> 1．「どうもSなのかDなのか微妙な患者なんだけど……」
>   ⇨患者診断の補助のために，心理検査を発想しているのだろうと考えられます。
> 2．「このところ良くなってきた感じがするんで……」

⇨病状の改善の確認のために，心理検査を必要としていることが伝わってきます。

3.「退院させようと思うんだけど，前のときに同じような感じで退院してもらったらちょっと早すぎたみたいで，すぐに悪くなっちゃって……」

⇨予後を心配しての心理検査であろうと思われます。

「医師が心理検査の実施を発想するとき」については，**詳説A**にまとめてありますので，参照してください。なお，医師による心理検査の依頼目的を的確に把握できたとしても，それと患者本人の希望や，他のスタッフの思いなどは異なっている場合があります。

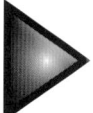 ## 優先順位2・精神状態を確認する

次に大切なことは，当該患者の精神状態を把握することです。

■1．診断名は

確定診断がついているならばそれを把握します。**優先順位1**で述べたように，実際の臨床現場ではかなりの確率で診断に迷っている場合が多いのですが，何と何で迷っているのか，基本的にはD（Depression：うつ病圏）という診断だと思っているのだが，わずかにS（Schizophrenia：統合失調症圏）も頭をかすめている，というように医師の見立ての微妙なニュアンスを把握しておきます。

■2．入院か外来か

この差は大きいです。一般に入院の場合，患者に関する情報は外来に比べて多く，見ている医療スタッフも複数存在します。一方，外来で初診の直後であったりすると，ほとんど何の情報もない状態で心理検査を実施す

ることになりますから，当然後者のほうが難しくなります。同じ入院であっても，どの病棟なのか，保護室でないかどうかも把握します。さらに，入院形態が任意入院なのか，医療保護入院なのか（精神科臨床では「イホ」と呼ばれることが多い），措置入院なのかで，患者の病像の範囲がある程度イメージできます。その入院形態や病像によっては，たとえ当日に心理検査を実施するのが妥当であるとしても，外来にある検査室ではなく，病棟に赴いて棟内の面談室などで実施するほうが，患者にとって安全であると判断されることもあるでしょう。医療領域で勤務しているものの精神科領域に詳しくない読者のために，**詳説B**に「精神保健福祉法による入院形態」として現在の状況をまとめました。ただ，法律は改正されますので，最新のものを把握するようにご留意ください。

■3．現時点で認められる主要精神症状は何か

　医師が判断している主要精神症状は何かを把握します。医師からは記述精神医学用語で語られることが多く，それはそれで把握しておきますが，可能であれば，この症状を患者はどのように訴えているのかについて尋ねておくと，心理検査の導入の際に楽になります。

　冒頭の**シーン1**でたとえると，工藤先生は「陰性症状が続いていてね」といった主要精神症状を話されたとしても，患者（Zさん）は「陰性症状」という訴え方をしません。山田さんが「陰性症状」を学習していても，この言葉はそのままZさんには使えません。ここで「検査を受けるZさんは，なんて先生に訴えているんでしょうか」と聞いたところ，「いやー，Zさんはあんまり訴えないんだよ。ただ，ずっと意欲が出ないようで，ベッドにいるか，デイルームの亀がいる水槽の前にいるかくらいで，外出も希望しないんだけど，だから陰性症状の程度を知りたくてね……」という内容であれば，医師がZさんの何を心配して検査を依頼しているのかがわかるだけでなく，Zさんと心理検査場面でお話するときに「亀の水槽の前に

よくいらっしゃるって，工藤先生にお聞きしたんですけど」というように，自然に"主要症状"に触れていくことができます。

 **優先順位3・身体状況を確認する**

心理検査の実施に関して必要な，身体状況に関するポイントです。

■1．視　力

近乱視のメガネは普段かけていることが多いですが，特に忘れがちなのは老眼鏡です。高齢者の心理検査に関しては，老眼鏡を入院に際して持ち込んでいるかどうかを事前に把握しておかないと，いざ心理検査というときに実施できない，などという事態を招きかねません。また，器質性障害などの影響で視野に問題があるとか，色弱を有する人であるなど，眼にまつわる情報を把握します。

■2．聴　力

視力と同様に，特に高齢者の場合は補聴器を忘れがちですので，メガネと同様に事前把握が大事です。

■3．麻　痺

脳梗塞などの影響で身体的に麻痺が残っている方の場合，どちらの側の麻痺なのか，特に手が使えるのか，書字ができるのか，本来のラテラリティー（Laterality）などを把握します。医師が把握していなければ，自分で実施前に確認します。

■4．意識レベル（意識水準）

上記の1〜3に比べて，経験の浅い臨床心理職が見落としがちな重要な

視点です。**詳説C**と**詳説D**に「意識レベル（意識水準）」と「意識障害の分類」としてまとめましたので，参照してください。

■5．その他の医学的留意点

　たとえば，抗精神病薬の長期服用で多飲水症状を併発し，低Na血症を認めることによって水分の摂取が制限されているかなど，1～4以外の医学的留意点を把握しておきます。ほかにも，**優先順位1**で見たように，検査前に聴取した診断名によってはさらに，抗精神病薬の副作用による錐体外路症状（パーキンソニズムなど／**詳説E**を参照），口渇などの自律神経症状の有無，高血糖や糖尿病などの代謝内分泌系症状の有無や程度などについての確認が必要となります。事前にカルテで把握できる内容でも，医療スタッフに再確認をしておくことも大切です。主治医に直接確認できなくても，当該患者のチーム看護師がきちんと把握していますので，看護師に尋ねることも非常に有用です。すなわち，カルテにDM（＋）とだけ書かれている場合，それで内容を把握したと思うのは誤りで，看護師に「DM（＋）＝糖尿病あり」とは，具体的にどのような身体状況にあるのかを確認しておく，といった具合です。

　パーキンソニズムによる振戦や筋固縮を呈している患者であれば，その副作用症状が知能検査の動作性課題のパフォーマンスに直接に影響するので，実施の際や結果の解釈において，このことへの配慮を欠かせません。心理検査の合間に，口渇によって「お水を飲みたい」と患者が言い出してから，あわてて内線電話で確かめるということはなるべく避けましょう。心理検査場面で患者が低血糖発作を起こし，それに気づかず静観していたら，生命にかかわる問題につながります。

　その他，てんかん発作を有している患者の場合，どのような発作をこれまで起こしているのか，現時点でどれほど発作がコントロールされているのか，発作前の前駆症状はあるのか，それを患者自身が自覚しているの

か，などの確認が必要となります。

　車椅子のかたの場合，大型の車椅子に乗ったままであると，検査テーブルに手が届かず，動作性の問題によって検査が部分的に実施できない，といったことが発生するかもしれません。そこで，事前に検査実施に関する物理的空間を整えておく必要が生じるなど，多くの場合が想定されます。

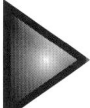 ## 優先順位4・以上により，現時点で心理検査を実施することそのものが妥当かを話し合う

　優先順位1〜3までを確認したところで，心理検査を施行することが妥当かそうでないか，妥当だとして，"今日"施行することが妥当かそうでないか，について工藤先生と話し合います。

　たとえば，前主治医から引き継いだばかりの患者で，診断がD（うつ病圏）となっているものの，思考のまとまりのなさから工藤先生はS（統合失調症圏）を疑っている，というような場合だとしましょう。

　その患者は開放病棟に入院していて，まだ外泊も試していません。身体的には問題ない方で，薬物療法によって不眠はほぼ認められなくなっており，主要症状は「うつ」と「思考のまとまりのなさ」だとわかったとします。工藤先生と話し合って，心理検査を実施して，この患者に役立つ情報を得られるとよいと山田さんも思ったとします。

　どのような「うつ」で，どのような「思考のまとまりのなさ」なのか工藤先生に聞けるとよいのですが，医師は多忙で，長い時間この患者のことでやり取りできないことが日常です。しかし，「うつ」と「思考のまとまりのなさ」の質や程度によっては，"今日"急いで心理検査を実施しないほうがよいのかもしれません。

　決して，山田さんが業務を避けるとかサボるという意味ではなく，患者のために有益な心理検査を行うためには，実施のタイミングも重要です。

あまりに抑制が強かったり，思考がまとまらない状態では，ただ具合が悪いということが心理検査の前面に出てしまい，心理検査の本領が発揮できない場合もあります。多くの心理検査が再検査までに時間を空ける必要がありますので，実施のタイミングを考えなければなりません。

　そして，実施に関して一番詳しいのは臨床心理職ですから，ここは工藤先生と話し合い，工藤先生も主治医として納得できるようなオチになるよう努力しましょう。

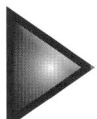

優先順位5 ● 心理検査が妥当だとして，どの心理検査を実施するのかを話し合う

　検査バッテリーに関するものです。今まで得てきた情報に基づいて，どの心理検査をどういう順番で実施するのかを考えます。患者の具合によっては，基本的に実施する方向の検査と，可能であれば実施する検査とを，分けて考える場合もあります。このことについては**付録のⅡ検査バッテリー**をお読みください。

　また，過去の心理検査受検歴がわかっていて，それが同じ病院内で実施したのであれば，カルテの情報のみならず，過去の心理検査データそのものを保管庫から事前に取り出せる可能性がありますので，確認しておくことも意味があります。しかし，新任の医師の場合，そこまで把握できていることは少ないので，心理検査実施時に患者本人に尋ねましょう。

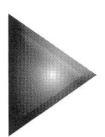

優先順位6 ● 心理検査の実施を誰がどのように患者に告げるか，その結果のフィードバックなど，実施前後の一連の医療スタッフの流れについて確認する

　心理検査の実施に関しては，医療においては，できるだけ主治医から患

者に告げてもらうのがベストです。しかし，それができない場合は，誰からどのように患者に伝わるのかを確認しておきましょう。そして，患者に「どのように」伝わる予定なのか，結果をいつ，どのように患者に返すのかなどについて，スタッフ間で詰めておきましょう。「いつこの結果がわかりますか」という質問は検査を受ける患者からしばしばなされますし，受けたほうからすれば当然の質問です。実施後のことだから後で確認すればいいや，といった態度は，臨床心理職として不十分です。

Q3の解説

さて，心理検査を実施することになったら，山田さんは何をすればいいでしょうか。①検査室の状況を確認，②検査用具を確認して整える，③病棟に行ってカルテを参照する，④病棟の看護師に当該患者の今日の様子をよく教えてもらうなど，たくさんあります。

しかし，臨床経験の浅い人が陥りがちなことは，こういう下準備にかまけてしまい，肝心の患者の気持ちに思いが及ばないところです。急に「今日，心理検査を受けるように」と言われた患者本人は，どんな気持ちになるのでしょうか。工藤先生が丁寧に説明されたとしても，それを患者がどうとらえるのか，どういう気持ちになるのかは，別次元の問題です。心理検査を実施することになったその瞬間から，患者の側に立って，患者の気持ちに思いを馳せる，そんな臨床心理職でいることが大切です。

これがQ3の答えで「やるべきこと」です。セルフチェックのところで，"患者の気持ちに思いを馳せる"と回答したビギナーの方は，専門職としてのたたずまいがすでにできています。よくやりました！！　第2章でさらに学習を深めましょう。

【Q1・Q2の解答】

優先順位1　検査目的（依頼目的）を確認する。
優先順位2　精神状態を確認する。
優先順位3　身体状況を確認する。
優先順位4　以上より，現時点で心理検査を実施することそのものが妥当かを話し合う。
優先順位5　心理検査が妥当だとして，どの心理検査を実施するのかを話し合う。
優先順位6　心理検査の実施を誰がどのように患者に告げるか，その結果のフィードバックなど，実施前後の一連の医療スタッフの流れについて確認する。

【Q3の解答】

さまざまな確認事項のなかで一番大事なことは，「患者の気持ちに思いを馳せる」こと。

 詳説 A　医師が心理検査の実施を発想するとき

1．鑑別診断の補助

　特に精神科領域においては，頭部MRIや脳波検査といったように器質性障害に関する身体的な検査は存在しても，それを除くと，内科における血液検査や尿検査といった一般的な検査にあたるものが存在せず，鑑別診断の補助としての心理検査の位置づけは時代を越えて意味を持ち続けています。

　優先順位2の例にあるように「S圏なのかD圏なのか」といったような問いは，おおまかな鑑別診断ではありますが，薬物療法のみならず治療全体の方向性にかかわる重大なことです。

　「S圏なのかD圏なのか」だけでなく，最近では，患者が幻覚妄想状態を呈したエピソードを有することから，医師はSだと思って治療してきたものの，発達障害がベースにあっての精神症状である可能性を否定しきれないということから，その鑑別のための資料を心理検査に求めるというケースが増えています。

　ほかにも，パーソナリティ障害の有無など，鑑別診断の補助としての検査依頼においては，医師が何を疑っているのか，何と何で迷っているのか，どういう性質の情報が医師にもたらされれば鑑別診断の補助として適切なものになるのかを，臨床心理職がきちんとキャッチすることができれば，検査バッテリーも適切なものになります。

2．治療経過の確認

　上記でいえば「このところ良くなってきた感じがするんで」のように，病状の変化を確認するための依頼であったり，残念なことに人格水準が低下しているように観察され，その確認のためであったり，治療における変化を確認するために検査が依頼されることがあります。

　特に病状が悪くなっているときは，どの心理検査を実施するのが適

切なのかについて熟慮する必要があります。心理検査によってもたらされる有益な内容と，心理検査を実施することによる患者の疲労や患者に対する内的侵襲性をよく勘案しなければなりません。

また，心理検査を受検することが，患者と医師の治療関係にどのような影響を及ぼすことが考えられるかという点についても，配慮しておくことが望まれます。「結果いかんで，先生から転院を勧められるのではないか」などの憶測を患者が抱くことがあったとしても，不思議ではありません。

3．予後の予測

「退院させようと思うんだけど，前のときに同じような感じで退院してもらったらちょっと早すぎたみたいで，すぐに悪くなっちゃって……」といった場合です。

いまデイケアにいるけれども作業所に行ってもらおうかなど，患者の環境変化にまつわる判断のときも検査を依頼されることがあります。どのような環境からどのような環境へ移ることが医師のなかで仮定されているかによって，検査バッテリーを組み立てます（**付録のⅡ検査バッテリーを参照**）。

4．パーソナリティの把握

なんといっても心理検査はパーソナリティ傾向の把握に役立ちますので，そのための依頼です。広くとれば，認知の歪みや現実検討力なども，ここに入るでしょう。さらにそこから，患者の呈する症状の形成機制を理解したい，といった目的を含んでいる場合も少なくありません。

5．臨床心理面接の依頼が前提での心理検査

医師によっては，臨床心理面接を依頼するに際して，当該患者がそもそも臨床心理面接に適しているのか，適しているとしてどのような臨床心理面接が適応可能なのかを確認するために，心理検査を依頼する場合があります。

6．公的な書類で必要な場合

障害年金の申請などの際，知的障害がある方で，心理検査上の具体的数値などが必要になる場合があり，そのための心理検査依頼です。たとえそうであったとしても，単に書類

に数値を反映するために心理検査を施行するのではなく，検査が何らかの意味で患者に益するように心がけるのは，言うまでもないことです。

7．本人や家族からの要望

本人や家族から心理検査を受けたいという要望があり，医師として，その患者が心理検査を受けることのメリットとデメリットを勘案した結果，受けてもよいだろうと判断された場合です。

8．医療スタッフからの要望

チーム医療のなかで，患者をみているのは医師だけではありません。入院であれば，むしろ医師よりも看護師のほうが患者の様子をよく把握しています。看護師以外にも，たくさんの医療関係職種がいますので，医療スタッフの誰からでも，心理検査の必要性が発想されてもおかしくありません。それを聞いた医師が，前項の7．と同じく，そのメリットとデメリットを勘案して，心理検査の依頼となる場合があります。

9．医師の関心領域

医師はそれぞれ専門領域を持っていることが多く，関心を持っている疾患や症状を有する患者については，どうしても深く知りたくなり，心理検査依頼となる場合があります。

10．上位の医師からの助言

複数の医師が勤務している場合，医局長や指導医といったように，そこには階層が存在することになります。地位的な階層がない場合でも，年齢や臨床キャリアといった実際的な階層が存在します。そこで，上位の医師が心理検査を受けるように助言した結果，依頼されるという場合があります。

比較的大きな病院で，診療科ごとに院内症例検討会などが行われているとすると，その検討会で心理検査を実施していないことを指摘されないように，医師が自分の保身のために心理検査を依頼する，という場合もあります。このような場合，医師本人が自発的でないことがありますので，検査目的が曖昧なまま依頼されるという事態が生じてきます。

11．再検査

たとえば，冒頭の**シーン1**の前段

階で，工藤先生がこの病院に着任する前に，この患者は心理検査を受けており，その報告の際に「１年後に再検査が望ましい」といったように，再検査の推奨がカルテに残っている場合があります。それを読んだ工藤先生は，なぜ再検査が必要なのかを文章から理解して検査依頼をする場合もあるでしょうし，文章だけからはあまり理解できないまま，とりあえず再検査を依頼する場合もあるでしょう。

そもそもこの場面で，新任の工藤先生にとって，この患者がどのような症例なのか，という点もポイントになります。この病院に着任してからの新規患者なのか，前医から引き継いだ患者なのか，場合によっては工藤先生を慕って前の勤務先から転院してきた患者なのか，どれでしょうか。

もしも，前医から引き継いだ患者だとしたら，これから心理検査の受検を言われる患者の気持ちに，どのようなことが去来するのだろうか，というような発想がさっと浮かぶような臨床心理職でありたいものです。

12．精神鑑定の補助

精神鑑定において，対象者の心理状態などを把握するために，心理検査を実施することがあります。これに関しては本書と直接関係がないので，詳細は割愛します。

13．その他

場合によっては，なぜその患者にこのタイミングで心理検査を受けさせたいと思っているのかに関して，医師自身が自分の内面を意識化できなかったり，意識していても適切な言語化ができなかったりすることがあります。「ともかくやってよ」「何かね，自分でもうまく言えないんだけどね……」「医師としてのカンかな」といったように，検査目的が適切に表明されないからといって，医師を責めてはなりません。医師を含む医療スタッフ全体が内的に成長していけるように，大きな器で受け止めましょう。

ただし，倫理的に違反するような場合は，臨床心理職として明快な意見を医師に伝えることも大切です。たとえば，保護室にいてまだ精神内界が混乱しているのに，ロール

シャッハ法を依頼されたようなとき，そのまま実施すれば，患者はさらに混乱することが目に見えているわけですから，専門職として意見をきちんと医師に伝えます。

　すべての心理検査は患者に益するために実施されるものです。本来，無目的に実施されるものではありません。

＊　　＊　　＊

　なお，これらの検査目的は，一つでない場合のほうが多いです。たとえば，鑑別診断の補助と治療経過の確認と予後の予想というように，いくつかが組み合わさっている場合のほうが現実的です。いくつか組み合わさっているときには，そのなかでどれが一番医師にとって重要か，という順序も把握するように努めましょう。

詳説 B　精神保健福祉法による入院形態

　精神保健福祉法（正式名称は，精神保健及び精神障害者福祉に関する法律）は，精神科臨床に携わる医療スタッフにとっては日々の臨床に直結する法律です。しかし，他の領域にとっては馴染みの少ない法律かもしれません。精神保健福祉法は主として，①精神障害者の医療および保護，②社会復帰の促進および自立と参加，③国民の精神保健の向上，について書かれた法律です。

　①の「精神障害者の医療および保護」に関して，精神保健福祉法の第5章で規定されていますが，ここでは入院形態について，以下にまとめます。

1．任意入院

　患者本人の同意に基づく入院。この任意入院が推奨されているのは言うまでもありません。

2．医療保護入院

　患者本人の同意がなくても，保護者の同意があれば入院させることができる入院形態です。「指定医による診察の結果，精神障害者であり，かつ，医療及び保護のため入院の必要がある者であって当該精神障害のために第22条の3（著者注：任意入院について書かれているところ）の規定による入院が行われる状態にないと判定されたもの」（第33条1項1号）と定められています。

3．措置入院

　いわゆる狭義の強制入院のことです。第23条で「精神障害者又はその疑いのある者を知った者は，誰でも，その者について指定医の診察及び必要な保護を都道府県知事に申請することができる」と定められていますが，実際の精神科医療で多く経験するのは，"24条通報"と呼ばれる警察官による通報です。

　これは「警察官は，職務を執行するに当たり，異常な挙動その他周囲の事情から判断して，精神障害のた

めに自身を傷つけ又は他人に害を及ぼすおそれがあると認められる者を発見したときは，直ちに，その旨を，もよりの保健所長を経て都道府県知事に通報しなければならない」(第24条)という決まりによるものです。そのほかに，検察官通報（第25条）などもあります。

いずれにしても，2名以上の精神保健指定医による診察の結果，本人の同意がなく，保護者の同意もなくても，強制的に入院させることができます。それだけ精神状態が悪いということがイメージできますでしょうか。

つまり，任意入院→医療保護入院→措置入院という流れで強制度が高まっていることになり，患者本人の精神状態について，**4～6頁**のように推量できることになります。なお，これとは別に応急入院(第33条の4)や，緊急措置入院（第29条の2）もあります。

詳説 C　意識レベル（意識水準）

医療に勤務する臨床心理職にとって身につけておくべき必須事項です。

1．意識の清明とは

ここでは、「意識とは何か」という哲学的な問題は脇に置いて、結論からいうと「患者の意識が清明かどうか」をチェックする必要があるということです。

たとえば、仕事が忙しくて数日間かなりの寝不足が続いている状態や、ほぼ徹夜で仕事をした翌朝をイメージしてください。

あなたは朝いつもの時間に起きます。自分ではしっかりしているつもりで身支度を始めるでしょう。歯を磨いたり、ワイシャツを着たり、毎日繰り返していることです。腕時計を腕にはめたつもりでふと腕をみると、「あれっ？　腕時計がない」。いつものところに置いてあるかも。いつもの場所に行ったら「あった！よかった！」。クシで髪を整えて、「あれ？　家の鍵は？……」自分ではしっかりしているつもりで、少しトンチンカンな行動をしてしまった。そんな経験をお持ちではないでしょうか。このような状態を意識レベルに置き換えるとわかりやすいかもしれません。

2．脳外科領域での意識レベル

一般に意識レベルというと、完全に失神しているとか、意識がない状態をイメージしやすく、たしかにそれも意識障害ありの状態ですが、意識が清明な状態と意識がない状態（よく使用されるＪＣＳ〈Japan Coma Scale〉でⅢ-300）の間には、かなり幅広い状態があります。これも一般に、脳外科医は、Ⅲ-300（「さんのさんびゃく」と呼ぶ）の状態の患者たちを日々診察していますので、脳外科医がいう「意識は大丈夫」は、大きな意識レベルの低下がないということを意味することが多いです。

脳外科医は基本的に器質性障害がある患者を診察していますから、これはこれで理解できることですが、脳外科関連からの心理検査依頼は、臨床心理職の側が軽度意識障害の有無について、鋭敏でいなくてはならないことも意味します。

JCSを表1-1に、参考のためにGlasgow Coma Scale（GCS）を表1-2に示しました。

3．精神医療領域での意識レベル

このように、臨床心理職が心理検査実施場面で出会うのは軽度から極軽度の意識障害であることが多く、極軽度の意識障害でも、心理検査のデータに大きな影響を与えます。JCSでいえば、Iレベルの方々です。

しかし、そもそも心理検査のデータうんぬん以前に、意識障害が存在するということは、その患者にとっては緊急性が高いので、医療関係者では意識障害の有無を念頭に置くことが必須事項になっています。

精神科医が診察において、SとDとの鑑別診断を最初にしているのではなく、この意識レベルをまず診ているのも、緊急性が高いことが理由です。いわゆる外因・内因・心因でいえば、外因から鑑別しています。

表1-1　Japan Coma Scale（JCS，3-3-9度方式）

I．覚醒している（1桁で表現） 　1．大体意識清明であるが、今ひとつはっきりしない。 　2．見当識障害がある。 　3．自分の名前、生年月日が言えない。
II．刺激で覚醒する：刺激をやめると眠り込む（2桁で表現） 　10．普通の呼びかけで容易に開眼する。 　20．大きな声、または体を揺さぶることにより開眼する。 　30．痛み刺激を加えつつ呼びかけを繰り返すとかろうじて開眼する。
III．刺激で覚醒しない（3桁で表現） 　100．痛み刺激に対し、はらいのけるような動作をする。 　200．痛み刺激で少し手足を動かしたり、顔をしかめる。 　300．痛み刺激に反応しない。

注：100-I，20-RIと示します。Iはincontinence（失禁），Rはrestlessness（不穏），
　　Aはakinetic mutism（無動性無言），apallic state（先外套症候群）です。

また,「何らかの器質的要因で意識障害が軽度に存在する場合には,いかなる精神症状(幻覚妄想,気分症状,不安など)でも生じうる」(笠井,2009)ため,意識障害に関する鑑別診断ができなければ,適切な投薬ができないことになります。

意識障害にはどのようなものがあるのかを知っておくことも大切です。医療全般を見れば一番多く遭遇するのは,せん妄(delirium)ですが,それ以外にもたくさんあります。

次項の**詳説D**でも解説しますが,院生時代の医療実習時に,心理検査を念頭に置いて意識障害を持つ患者について経験することができれば,それは有益なことです。しかし,そのような機会に恵まれない方々のほうが現実的には多いと思いますので,医療に入ってすぐに身につけるよう努力しましょう。軽度意識障害の見分け方は,机上の学問だけでは学べない,重要な臨床心理職のスキルのひとつです。

表 1-2　Glasgow Coma Scale (GCS)

観察項目	反応	スコア
開眼	自発的に開眼	4
	呼びかけにより開眼	3
	痛み刺激により開眼	2
	全く開眼しない	1
最良言語反応	見当識あり	5
	混乱した会話	4
	混乱した言葉	3
	理解不能の音声	2
	反応なし	1
最良運動反応	命令に従う	6
	疼痛部に手をやる	5
	逃避する	4
	異常屈曲	3
	四肢を伸展する	2
	反応なし	1

注:GCS は,呼びかけ,言語反応,痛覚刺激に対する運動反応を見て評点する。意識清明であれば総得点が15点になり,意識混濁が最もひどければ総得点が3点となる。

詳説 D　意識障害の分類

　意識障害の分類の前提として，①清明度，②広がり，③質的なもの，という三つの視点があります。これは心理学を学んだ人ならよく知っているヴント（Wundt, W.）以来，よくお芝居の舞台にたとえられます。

1．意識野と意識点

　ヴントは意識の広がりを，「意識野」と考えました。これをお芝居の舞台としてイメージしてください。舞台の照明が明るいときは「意識清明」で，暗いときを「意識混濁」と考えます。特に，舞台でスポットライトが当てられている点が，「意識点」です。舞台そのものが狭くなった状態は「意識狭縮」です。舞台の上ではお芝居の流れに沿って，次々

表 1-3　意識混濁の段階

1．明識困難状態 　ややぼんやりしているが，外界との交通は保たれている。
2．昏蒙 　浅眠状態に近いうとうとした状態で，無関心で自発性に乏しく，領識も悪く，注意も散漫である。
3．傾眠 　半睡半眠の状態で，呼べば目覚めるが，放置すると眠りに陥る。痛覚や強い音刺激を繰り返している間は，簡単な命令に応じることができる。
4．嗜眠 　強い痛刺激を与えたり，身体を揺り動かしたりすると多少の応答を示し，一時的に覚醒方向への反応を示すが，言語応答は不明瞭で，刺激をやめるとすぐもとの状態に戻る。
5．昏睡（coma） 　どんな刺激を与えても反応（応答）がないか，強い刺激にごくわずかに反応する状態。多くの場合，深部反射，角膜反射，瞳孔反射などは消失し，筋は弛緩して自発反射は見られない。

（大熊，2005，p.77）

に精神現象（意識内容）が俳優たちのように現れては消えていきます。「意識」を，このように自分にとって把握しやすいイメージにしてつかんでおくことは，臨床実践において有益です。

次に，意識障害の二つの分け方について説明します。

2．単純な意識障害

意識混濁（意識の清明度の障害）。これは，単純にいえば，当該患者が覚醒していて，意識内容が明瞭かを見るものです。よく使われるチェックとして，見当識（時間，場所，人）が保たれているか，こちらからの問いに対して熟考することができるか，記銘が保たれているか，やり取りを追想できるか，などがあります。

意識混濁の程度はさまざまな分類がありますが，大熊（2005）による記述を表1-3にまとめました。「明識困難状態」や「昏蒙」といった状態が存在することを知ってください。

3．複雑な障害

意識狭縮（意識野の広さの障害），意識変容（たとえば，もうろう状態），せん妄，アメンチアなどがあります。ここでは心理検査を念頭に置いて，アメンチア（amentia）を解説します。

アメンチアは，①軽度の意識混濁があることを前提にして，これに，②思考のまとまりのなさ（思考散乱：incoherence）と，③周囲の状況を理解しようとするものの，わからないので困惑したような患者の状態を指します。

重篤な意識混濁やせん妄からの回復の経過中に見られることが多いので，脳外科医が大枠からいえば"心理検査ができる状態"と判断して，心理検査を依頼した場合に，このような状態の患者と出会うことになります。

4．3Dの鑑別

最後に，医療で働く臨床心理職につきまとう，3Dについて触れます。3Dとは，せん妄（delirium），うつ病（depression），認知症（dementia）のことです。この三つの鑑別は大切です。特に，総合病院に勤務する臨床心理職にとっては必須のアセスメントともいえます。

これに関しては，町田（町田ら，2001）が臨床心理職の立場から詳しく解説していますので，表1-4に引用しておきます。これから総合病院に勤務する方は参考にしてください。

表1-4　せん妄・うつ病・認知症

	せん妄	うつ病	認知症
発症パターン	ある日突然始まる。	わりに急性（数日単位で）始まる。	ゆっくりと徐々に（アルツハイマー型），あるいは，急性に（血管型）始まる。
発症の契機となるエピソード	入院など生活環境の急激な変化や処方変更が発症の契機となることがあるが，不明瞭なこともある。	生活環境の変化など，発症契機が明らかなことが多い。特に入院前のストレスの有無に留意。	血管型は脳血管障害のエピソードが先行する。アルツハイマー型は，発症の契機を見いだせない。
特徴的症状	見当識障害が必発（どこにいるのか，今日の日付，家族や職員の識別が困難になる）。活発な幻覚とそれによる被害妄想が出現する（怖い夢をみたように自覚される）。ときに激しい興奮を伴う。	ボーっとして反応が鈍い。もう自分は治らない，家族に迷惑をかけている，生きている意味がない，などの悲観的思考がある（慎重に聞き出さないと見逃される）。	古い記憶は残っているが，新しい記憶が入らない。そのため，食事をしたことを忘れてしまったり，大事にしていたものがなくなったりという被害妄想が出やすい。しばしば夜間せん妄を伴う。
自覚的苦痛	なし	あり	なし
日内変動	夜間や昼寝の直後など，睡眠の前後に症状が出やすい。日中は比較的はっきりしている。	一日のうちでも，特に午前の調子が悪く，午後から夕方にかけて，徐々に楽になる。	一日中，症状が変化しない。ただし，夜間せん妄を伴うことがある。
睡眠障害	夜間の睡眠障害が中心。	睡眠持続障害（中途覚醒と早期覚醒）が中心。	入眠障害が中心。しばしば，睡眠リズムが崩れる。
経過	症状が出たり引っ込んだりする。進行はしない。	日内変動を繰り返す。進行性ではないが，放置すれば，症状は緩和期に自殺のリスクが高まる。	基本症状の改善はなく，ゆっくりと（アルツハイマー型），あるいは階段状（血管型）に進行する。

（町田ら，2001，p.148，痴呆を認知症に修正）

詳説 E　錐体外路症状とは

　抗精神病薬の副作用による錐体外路症状（extrapyramidal symptom）は，頭文字をとってＥＰＳと略され，医療現場ではイーピーエスと呼ぶことも多いです。短期投与では，パーキンソニズム，アカシジアなどが出現します。長期投与で出現する代表的なものに，遅発性ジスキネジアがあります。

1．パーキンソニズム (parkinsonism)

　パーキンソン病の主な症状として，次のようなものがあります。①振戦，②筋固縮，③寡動，④姿勢反射障害(姿勢保持障害)。こういった症状のうちのいくつか（一般的には二つ以上）を示している状態を，パーキンソニズムといいます。

　パーキンソニズムのなかで最も多いものは，当然のことながらパーキンソン病ですが，薬を内服することによって，パーキンソン病のような症状が薬の副作用として起こっている場合を，薬剤性パーキンソニズムといいます。7頁で留意するように書かれているパーキンソニズムは，これにあたります。

2．アカシジア (akathisia)

　静座不能と訳されるとおり，じっとしていられず，立ったり座ったりしたり，足をパタパタするような状態です。自覚的には，下肢がムズムズする訴えがあったり，他覚的には，ソワソワとして落ち着かず，焦燥的に見えたりします。実施や結果に影響を与えることは言わずもがなでしょう。

3．遅発性ジスキネジア (tardive dyskinesia)

　常同的な不随意運動が，舌，口，顎，四肢などに起こります。多い症状として，口をモグモグさせている状態が臨床現場でよく観察されると思います。なお，日本精神神経学会・精神科用語検討委員会（2008）

による用語集において「ジスキネジア」は「ジスキネジー」とも表記されています。

4．急性ジストニア
(acute dystonia)

眼球上転など，心理検査場面でときに遭遇する症状があります。3．に挙げたのと同様に「ジストニア」は「ジストニー」とも表記されています。

そのほかにもありますが，薬原性錐体外路症状を整理したものとして図1-1をご覧ください。

【第1章の文献】

笠井清登 (2009)：精神科医師からみて 津川律子・橘玲子編著 臨床心理士をめざす大学院生のための精神科実習ガイド 誠信書房 pp.192-211.

町田いづみ・保坂　隆・中嶋義文 (2001)：リエゾン心理士——臨床心理士の新しい役割 星和書店 p.148.

日本精神神経学会・精神科用語検討委員会編 (2008)：精神神経科学用語集〔改訂6版〕 社団法人日本精神神経学会 p.41.

大熊輝雄 (2005)：現代臨床精神医学〔改訂第10版〕 金原出版 p.77.

八木剛平・稲田俊也 (1996)：薬原性錐体外路症状の評価と判断——DI-EPSSの解説と利用の手引き 星和書店 p.4.

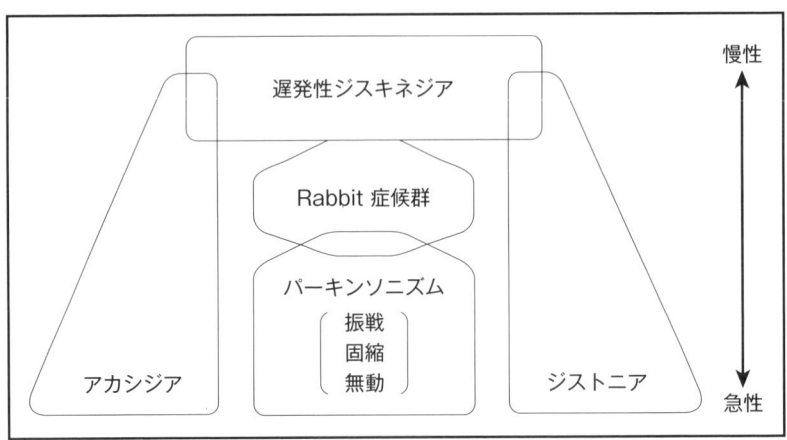

図1-1　薬原性錐体外路症状（八木・稲田, 1996）

第2章
心理検査の導入──
ラポールの実際

> そして1週間後,山田さん,心理検査を実施する!

新しく赴任した工藤先生と組んでの初めての心理検査です。山田さんはうまく行えるでしょうか。早速シーンを見てみましょう。

◎シーン2◎

　さて,工藤先生と打ち合わせた結果,心理検査は1週間後に実施となりました。工藤先生から依頼された患者さんは,海野　厳さん(45歳の男性)。開放病棟の4人部屋(606号室)に,半年ほど入院している統合失調症の方でした。工藤先生が前主治医から引き継いで数回診察した結果,退院してもよいのではないかという感触を持つぐらい精神状態が改善している,とのことでした。工藤先生が看護師サイドに確認したところでも,落ち着いているということでした。しかし,海野さんの外出は可になっていましたが,まだ試験外泊もしていない状態で,前主治医が慎重に考えていたことがカルテからもうかがえる,とのお話でした。そこで工藤先生は,海野さんの現在の精神状態をより詳細に把握したいと考え,心理検査の実施が頭をかすめていたところ,偶然に山田さんとすれ違った,という流れがわかりました。

　山田さんと話したことで,工藤先生は一日,二日急いで検査する必要はないと判断が固まり,次回の診察で工藤先生から心理検査のことを話題に

して，海野さんの了解を得たうえで，1週間後に心理検査を実施することになりました。具体的に実施する心理検査は，工藤先生の希望としてロールシャッハ法と描画法が伝えられ，描画法の種類については山田さんに任せるということでした。山田さんのほうからはSCT（文章完成法テスト）の実施を提案しました。工藤先生は賛成し，事前に工藤先生から海野さんにSCT用紙を手渡しておくので，心理検査実施日に山田さんに回収してほしいということでした。

　心理検査の当日（4月24日）になりました。いま山田さんは海野さんのいる606号室に向かって廊下を歩いています。山田さんは海野さんと面識がありません。「ラポールを形成する」という大学院で習った心理検査の入門書に書かれていた注意事項が，山田さんの頭の中を占めています。大学院での指導教官の佐々木勝子先生も，「検査の前にラポールよ！」と強調されていました。

さあ，あなたならどうする？・・・

☀セルフチェック！（自分なりに考えをまとめてみましょう）

Q．「ラポールをつくる」とは，実際にどのようなことを指すのでしょうか？「患者との良い関係をつくる」とか「患者を安心させる」といったような，教科書で習った理念レベルにとどまらず，実際にどのようなことが重要なのか，整理していくつか挙げてみましょう。また，実際のやり取りも，順を追って具体的にシミュレーションしてみてください。

⇨ 解答は 46 ページです

Qの解説

　心理検査実施のために患者ご本人とお会いする場面には，いろいろなパターンがあります。典型的なものとして，①主治医と一緒に患者のところへ行って，主治医から直接紹介される場合，②看護師などのスタッフが病室に呼びにいって，心理検査室に案内される場合，③医師や看護師などが患者に声かけをしたうえで，患者が一人で検査室に直接来る場合，④臨床心理職が自分で患者の病室に呼びにいく場合，などあります。これは医療機関，病棟，患者の入院形態（**第１章の詳説 B** を参照），医療スタッフの考え方によって，さまざまです。ここでは④の場合とします。続いてシーン３を見てみましょう。

◎シーン３◎

> 　山田さんは４人部屋に入室します。入口で606号室を確認し，あらかじめ看護師から聞いていた「入口を入って右の奥のベッド」へ向かいます。ベッドカーテンは開いていて，「ややぽっちゃり型の体型で，黒縁のメガネをかけている」と，これも看護師から聞いていたとおりの男性がベッドでスポーツ雑誌をめくっていました。

▶ 順序１●患者本人を確認する

　患者は常に自分のベッドにいるとは限りません。「ベッドにいた」と思っても，他の患者が横たわっていた，ということもありえます。ここで最初にすることは，患者が本人かどうかの確認です。**第１章の２頁**にあるように，フルネームで患者本人を同定しましょう。よくある名前の場合，事

前に患者の特徴（外見など）を医療スタッフから得ておくことなどは，3頁と同じです。これは，次のようなやり取りになるでしょう。

●患者の同定例

山田さん：「失礼します」（ベッドで横になっているＴシャツ姿の男性が，雑誌から目を上げて山田さんを見る）「うんのいわおさんでいらっしゃいますか？」（山田さん，内心ではかなりドキドキ状態）

男　　性：「ええ」

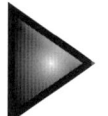

順序２●検査者として挨拶と自己紹介をする

次に挨拶と自己紹介をします。つまり，自分が何者であるかを明確にします。医療スタッフにはさまざまな職種が含まれていますので，これは大切なことです。やり取りをイメージしながら，シーン４を見てみましょう。

◎シーン４◎

山田さん：「海野さんですね。初めまして。私は心理の山田と申します。今日の２時から心理検査のご予約が入っているのですが，主治医の工藤先生からお聞きでしょうか？」

海野さん：「ええ，心理検査のことは聞いています。２時からというのは，山手さん（看護師の名前）から聞きました」

山田さん：「私が心理検査を担当させていただくのですが，検査の場所がデイケアルームの奥にあるお部屋でして，これから一緒に移動をお願いしたいのですが，よろしいでしょうか？」

海野さん：「ええ」（と，言いつつ何か気になっているような様子）

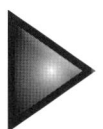

順序3・同じ時間帯にほかの予定が入っていないかどうかを確認する

　特に，他の検査や病棟行事，および面会の予定などが入っていないかどうかを確認します。山田さんはどのようにするでしょうか。シーン5を見てみましょう。

◎シーン5◎

山田さん：「何かほかのご予定とか，ございますか？」
海野さん：「3時から書道の時間で，毎週出ているんですが……」
山田さん：「そうでしたか。書道のほうには連絡は？」
海野さん：「書道の内村(うちむら)先生は，書道の時間しかいらっしゃらないので，山手さんに今日は心理検査が入ったのでお休みしますと，内村先生に伝言を頼みました」
山田さん：「そんじゃあ（あ，いけない！　基本は敬語だ！），いや，それでは，途中で病棟のナースラウンジに一緒に寄って，山手さんに念のため確認しましょう。そのほうが安心ですよね？」
海野さん：「たぶん大丈夫だと思うんですけど，毎週出席しているので」
山田さん：「もしか（いけない！），も，も，もしかして，書道のほうにお出になられたいと存じますでしょうか？」（もはや，敬語が支離滅裂）
海野さん：「そうじゃないんです。ただ無断で休むと内村先生が心配なさると思って」（と，海野さんはやせ我慢ではなさそうな様子でベッドから降りました。その際，かけていたメガネを外してサイドボードに置きました）
山田さん：「近いものを見るので，メガネはあったほうがいいと思います」

> （しっかり観察できているわ，私！　と，ちょっと自信を取り戻す山田さん）
> 海野さん：「ほんのちょっとの近視なのですが，要りますか？」
> 山田さん：「（老眼じゃないのね……）念のためお持ちください」（やり取りから聴力は日常で問題なさそう）
> 海野さん：「他に何か要りますか？」
> 山田さん：（念のためと思って）「お耳の聴こえは日常で大丈夫ですよね？」
> 海野さん：「ええ。耳はなんともありません。タオルが要るかな……」
> 山田さん：（タオル？　何で？？　ど，どうして？！）

　シーン5では，山田さんは不意打ちを受けています。メガネと補聴器について意識でき，うまくいったと思っていたところに，予想外の"タオル"が出現したからです。たしかに，ロールシャッハ法と描画法を実施するのに，タオルは必要ありません。しかし，ここで予想外なのは山田さんにとっての"予想外"なのであって，海野さんの立場ではどうでしょうか。イメージしてみましょう。

◆なぜ海野さんは今タオルを持参することを発想しているのでしょうか？
　　　　↓
◆タオルは通常，何のために使うのでしょうか？
　　　　↓
◆顔などの汗を拭くため
　　　　↓
◆緊張するかもしれないから
　　　　↓
◆すでにちょっと緊張している可能性あり
　　　　↓

◆ちょっとでなく，かなり緊張しているかも。あるいは，海野さんにとってタオルは持っていると安心できるもの？

　こういった推量をどの程度言語化するのかしないのかに関しては，一概にはいえません。しかし，相手の立場になって相手の気持ちを考える，というのは対人援助職の基本です。ビギナーは，自分の緊張によって相手の状態を感じ取れなかったり，自分の緊張と相手の緊張を混同することで，かえって相手が見えなくなったりしがちですが，そこはコツコツと自己訓練していきましょう。

　さて，海野さんは，「無断で休むと内村先生が心配なさると思って」と言っています。海野さんは書道の先生への連絡のことを気にかける，律儀な人なのかもしれません。あるいは，グループへの帰属意識が高く，それだけに1回でもそのグループを離れることに必要以上の不安を喚起されているのだろうか，病棟の日常に心理検査というイレギュラーな事態が発生したと体験されていて，そうした事態にスムーズに対応できずにいるのかもしれないなど，海野さんの今の心持ちに関して，さまざまに思いを巡らせながら対応できるとよいでしょう。

　さて，海野さんと山田さんのやり取りの続きです。

◎シーン6◎

山田さん：（海野さんの気持ちを推し量ったうえで）「タオルも持って行ったほうがいいかもしれませんね」
海野さん：「そうします」（と，安心したように言って，大きめのタオルをサイドボードの下の棚から取り出した）
山田さん：「それでは，一緒に行きましょう」
海野さん：「あぁそうだ。工藤先生から，紙に書く心理検査をやって，心理検査の先生にその紙を渡すように言われてたんですが」

> 山田さん：（すっかり忘れてた！ SCTを回収しなきゃいけないんだった！）
> 　　　　　「か，書けました？」
> 海野さん：「えぇ。字が上手くないんですけど……」
> 山田さん：「い，いま受け取ります」
> 海野さん：「そうですか」（と，サイドボードの雑誌の下にあったSCTを取り出して，山田さんに手渡した）
> 山田さん：（よかった！　これでミスはないわ！）

　二人で心理検査室に向かいます。途中でナースラウンジに寄って，山手看護師に内村先生への伝言を確認しました。山手看護師はよく覚えていてくれ，「内村先生はまだ来ていないけれど，必ず伝えますから」と言ってくれました。海野さんも安心したようです。二人で検査室に入りました。ドアを閉めて，二人とも椅子に着席しました。机を挟んで90度の角度です。さて，山田さんは何から話を切り出したらよいでしょうか。

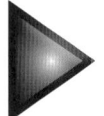

▶ 順序4 ● 心理検査に関して，患者がどのように把握しているのかを確認する

　心理検査について，①どのように医師から説明されているのか，②それを聴いてどう思ったのか，がポイントです。たとえ山田さんが，工藤先生から「○○のように説明しておいたよ」と事前に聞かされていたとしても，患者がどうとらえているかはわかりません。患者本人の口から，患者自身の言葉で語ってもらうことが肝要です。山田さんの問いかけとしては，さまざまなものがあるでしょう。

●受検に関する問いかけの例①
例A「先ほど申し上げましたように，心理検査なんですが，工藤先生からど

う聞いていらっしゃいますか？」
例B「工藤先生から心理検査のこと，どうお聞きでしょうか？」
例C「主治医の先生は心理検査のこと，どんなふうに言っておられました？」

　これに関する患者の答えは本当にさまざまであって，ビギナーのころは驚かされることが多いでしょう。たとえば次のようにです。

●受検に関する患者の返答例①
例1「何も聞いていません」（山田さん：エッ!!　さっき聞いたって言ってたじゃない!!）
例2「詳しいことは何も。ただ，心理検査を受けてくださいって」（山田さん：えー，ほんとー?!）

　例1や例2の場合，工藤先生が手を抜いて何も説明していなかったと結論づけるのは早計です。工藤先生が丁寧に説明したのに患者はこう答えているという可能性（仮定a）から，工藤先生がほとんど説明していなかった（仮定z）まで，仮定a〜zの間には無数の可能性があります。ビギナーはすぐに仮定zを想像しやすく，そのことが無言のままチーム医療にヒビを入れることになったりしますので，根拠もなく早まって決めつけないように心がけてください。

●受検に関する患者の返答例②
例3「なんだか，だいぶ落ち着いているんじゃないかって工藤先生に言われて，工藤先生がそれを確かめるために心理検査を受けてほしいって」
例4「退院を目指していくために，今の状態を客観的に見るための資料として，とか工藤先生は言っていましたね」

このように，工藤先生が伝えたかったことに近い陳述の場合も，もちろんあります。では，海野さんがそれを聴いてどう思ったのかを，次に尋ねます。

●受検に関する問いかけの例②
例D「それを聴いてどう思われました？」
例E「そう聴いて，ご自分としてはいかがでした？」

これに関する患者の答えもさまざまです。

●受検に関する患者の返答例③
例5「工藤先生は良くなっているようなことを言うんだけど，ボクとしてはそう感じないんですよね……」
例6「退院って急に言われてもね……」
例7「なんだかよくわからないですね。でも，工藤先生が必要だって言うんだから，受けますよ」
例8「良くなっているって言われて，正直うれしかったですね」
例9「退院日はいつですか？」

どのような返答であっても，それについて話し合います。聞きっぱなしはよくありません。たとえば例5の場合は，前主治医から今の工藤先生に代わったことに対する戸惑いや違和感を，そのように表現しているのかもしれません。また，例8のように海野さんが答えたからといって，それを文字どおりに受け取り，安易に「良かったですね！」などと同調すると，後でもう一方の"良くなることへの不安"をいたずらに膨らませてしまうこともありえます。

このように書くと何やら難しいことになってしまいますが，この話し合

いで，主治医交代にまつわる不安の"解釈"を行うとか，内実の不安を取り扱うということではありません。あくまでも，そのようなことを検査者として思い巡らせながら，患者の答えを聞き流すのでなく，受け止めるような話し合いを行うことが大切だということです。

つまり，臨床心理面接の能力が，心理検査導入のやり取りにも求められます。この業界で「優れた心理検査者は優れた面接者でもある」とよく強調される理由が，これです。心理検査能力を向上させたいと思えば，臨床心理面接の能力も，同時に向上し続ける必要があるのです。

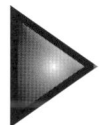

▶ 順序5・現在のコンディションを確認する

医師が診察で判断するコンディションと，患者が語るコンディション，看護師から観たコンディション，ご家族から見たコンディション，全部が不一致の場合もあれば，全部が一致している場合もあります。ともかく，患者本人の自覚を聞きます。

> ◎シーン7◎
>
> 山田さん：「入院されたのが昨年の10月20日ということですから，約半年ですよね？」
> 海野さん：「（記憶をたどるように）そうですね……そうです」
> 山田さん：「今の具合はいかがでしょうか？」

また，このようなやり取りを通じて，今回の心理検査が治療過程のどのような時期に行われるのかについて，検査者として再認識しておくことも大切です。さらに，もしこれまでに視力や聴力を含む身体状況を患者本人に確認していなければ，この場面で確認すると自然でしょう。

順序6 ● 心理検査の受検歴について確認する

　過去に心理検査を受けているかどうかは大切な情報です。まず，受けているかどうかを尋ねます。患者の答えは，過去の受検歴が「ある」から「ない」までありますが，代表的な答えは次のようなものです。

■1．「ない」場合──「ありません」「初めてです」

　このような場合でも，過去に治療歴がある場合が多いので，さらに確認します。「この病院では初めてとしても，以前に○○クリニックにおかかりでしたよね。そこでも受けたことはないでしょうか」という具合です。「ああ，そういえば絵を描いたことがありました」といったように，思い出される場合も少なくありません。

■2．わからない場合──「あったような気がしますが，よく思い出せません」

　どのようなものだったのかを思い出してもらえるような質問をします。「紙に質問が書いてあって○×をつけるとか，絵を描くとか，絵を見るとか，手を使って何かやったとかはありませんか？」といった具合です。

■3．「ある」場合──「受けたことがあります」

　受けていたとしたら，次の質問に移ります。①どのような検査なのか，②いつごろ受けたのか，③結果は聞かされているのか，④それに対してどう思ったのか，について聞きましょう。①～④の質問例は以下のとおりです。

> ●受験歴の確認例
> ①の例「受けられたのはどんな心理検査だったのか，教えていただけますでしょうか？」
> ②の例「いつごろお受けになりました？」
> ③の例「検査を受けて，その結果はお聞きになっておられますか？」
> ④の例「それを聞いてどう思われました？」

　①の聞き方に関しては，**詳説A**をお読みください。

　②の「いつごろその心理検査を受けたのか」に関する回答によっては，再検査のタイミングとして今が適切かどうかの判断をしなければいけませんし，再検査がもたらすデータ上の影響についても考慮しなければなりません。特に，3カ月以内の受検歴は，今回の心理検査データに影響するといわれていますので，時期が大切です。

　③の「以前に受けた心理検査の結果を聞いているかどうか」は，聞いているとしてもほとんどの場合，正確に伝わっていることのほうが少ないと思ってください。その理由は種々ありますが，ここでは本筋ではないので割愛します。

　④の「検査結果を聞いてそれに対してどう思ったのか」は，上記①〜③よりも大切です。丁寧に話し合いましょう。でも，なぜ大切なのでしょうか。「大切」と言われているから，紋切り型に「どう思ったのか」を聞くのではありません。では，治療に対する患者の評価や姿勢がわかるからでしょうか。それとも，これから行う検査に対するモチベーションにかかわることだからでしょうか。そのどちらもそうですし，それ以外にも大切な理由はあるでしょう。何より，患者が自分の体験を，それこそ大切に取り扱われていると感じられることが，この検査導入状況において大切なのです。

■4．検査用紙の回収時のポイント

　さて，ここでSCTのことを思い出してください。海野さんから手渡されたあと，山田さんはSCTを持って検査室に入ったまま，そのことに何も触れていませんでした。この**順序6**の続きとして，記入されたSCTを広げて，記載されている様子を確認しながらやり取りすることが可能でしょう。もしくは**順序4**の冒頭で触れることも，可能であったかもしれません。いずれにしても，受け取ったSCTを放置したままではいけません。

　このやり取りのポイントは，①記入してみた感想を聞く，②どのくらいの時間や労力を要したのかを知る，③記載の特徴について軽く触れる（たとえば，記載に抜けが多い，後半部分がやっていない，後半の文章がとても短くなっている等々）です。

> **●受検後の感想についての問いかけ例**
> 例A「これを書いてみて，いかがでしたか？」
> 例B「これを記入するのに，どのくらいかかりました？」
> 例C「後半のところが短くなっている感じですが……」

　そして，④のちほどじっくり拝見する旨を伝え，"受け取った"ということを返す，ということも忘れてはなりません。これも，山田さんのなかで，海野さんがSCTを心理検査の一部であることをわかってそれに回答し，海野さんのほうから，回収を忘れていた山田さんに申し出たことを思い（事前に渡されたSCTと"今，ここ"の心理検査とがつながっていない患者も珍しいことではありません），書道の時間のことも併せて，海野さんはとても役割意識の高い人であるということを認識しながら，④を伝えられると良いでしょう。なお，SCTの渡し方に関しては**詳説B**にまとめてあります。

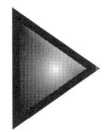

順序7 ● 検査者として検査目的を改めて説明し，疑問があるかどうか，患者が知りたいことの希望について尋ねる

　順序4で患者と確認し合った医師の依頼目的がどのような表現であれ，医療における心理検査は，患者の治療に役立たせるために実施されるものであることは明白ですから，改めて検査目的をわかりやすく説明します。

●検査目的の説明例
例A　「海野さんの治療の役に立つように」
例B　「海野さんの現在の状態をより客観的に把握するために」
例C　「工藤先生と海野さんの間で，治療や今後に役立つ情報が得られるように」

　説明を終えたら，必ず疑問があるかどうかを尋ねます。検査者が一方的に話して終わりというのはよくありません。患者から発せられる疑問は，患者が気にしていることが問いになって現れることが多く，問いの内容自体が治療や支援の参考になることが稀ではありません。丁寧にやり取りしましょう。
　さらに，患者として知りたいことの希望を聞きます。

●検査結果に関する患者の要望の問いかけ例
例A　「心理検査で知りたいことは，どんなことでしょうか？」
例B　「心理検査でこんなことがわかったらいいな，というようなことはありますか？」

これに対する答えが「これで退院日が決まるのでしょうか？」といった場合，きちんと説明します。医師は心理検査の結果からのみ退院日を決定するということはありません。患者の病像を総合的に判断して決めます。しかし，何度も「退院日」ということが患者の口から問われるのであれば，いかに患者がそれを気にしているかが医療情報として得られたこととなり，心理検査の報告書に記載すべき情報となります。また，患者の希望が心理検査からは得られないことであれば，その事実を説明し，実施予定の心理検査で測定できることは何かを検査者から説明して，改めて患者の希望を尋ねます。

　この段階になって，やっと，①医師の検査目的，②検査者による検査目的の説明，③患者の希望内容という，三つの側面が出そろいます。①②③が完璧に一致している必要はありません。

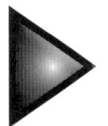

▶ 順序8・だいたいの所要時間を伝える

　実施する予定の心理検査の数と種類にしたがって，検査者側からだいたいの所要時間を伝えます。患者側のコンディションにもよりますが，検査者がビギナーの場合，実施経験が乏しいために，心理検査の実施時間が長くなる傾向があります。1回の心理検査はどんなに長くても，病棟のベッドへ海野さんを迎えにいったときから2時間半以内に終了できるように心がけてください。あまりに長すぎる検査時間は，ただでさえ心身ともにエネルギーが低下している患者を過度な疲労に導いてしまい，医療の本質に反します。

　この段階で，先にトイレに行くかどうかも尋ねておきます。そして，検査終了予測時間まで，他の検査や診療などの予定が入っていないかどうかも再確認しておきます。海野さんの場合，書道の時間は大丈夫ですが，書道の時間を過ぎても検査実施が続いていることが予測される場合，書道の

時間の後がどうなっているのかを尋ねることになります。

> **●検査時間の伝え方・検査後の予定の尋ね方例**
> 例A 「人によって違いがあるのですが，全部で2時間くらいかかります。先にトイレに行かれますか？」
> 例B 「だいたい2時間くらいかかる予定なんですが，4時以降に何かご予定が入っていますでしょうか？」

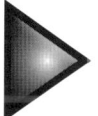

順序9 ● 心理検査を受けることに関して同意を得る

最後に，心理検査を受けることに関して患者の同意を得ます。

> **●受検の同意の取り方例**
> 例A 「それではこれから検査に入りますが，よろしいでしょうか？」
> 例B 「これから早速検査を開始しますが，まだ疑問なこととか，何かございますか？」
> 例C 「ここまでの説明はよろしいでしょうか？　それでは検査の内容に入りますね」

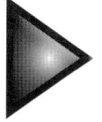

point1 ● 導入にあたっての注意事項

　順序1～9までの間，ただ患者の様子を見ながら，患者が語るに任せて過ごすのではありません。検査者としてその場を司ることが肝要です。"司る"というのは，威張ること，支配すること，強要することとはまったく違います。臨床心理職として「今，ここで，二人がやることは何なのか」

というその場の意味を，患者がきちんと共有できるように責任を持ってやり取りすることを意味します。

　この能力は，心理療法の能力に通じるものですが，ビギナーの大半にとってここが課題となります。患者は心理検査のプロではないにもかかわらずあまりにも患者任せであったり，逆に実験場面のように紋切り口調の質問で，あれもこれも聞かなくてはと患者の気持ちの流れを分断したり，といったことが起こります。スーパービジョンで指導を受けるのは，検査から算出された数値が合っているかどうか，検査結果の読み込み方ということのみならず，順序1～9までのやり取りに関して指導を受けましょう。

　また，順序1～9は話の流れによって前後することもありますので，この順番に固執しないでください。さらに，ビギナーは心理検査導入までにやたらに時間をかけ，長々としてしまう場合がありますが，それも患者を疲れさせるだけです。

　ビギナーが間違ってしまう代表的なこととして，ここまでの順序のなかで，実施する検査の教示を混同して行わないことにも留意する必要があります。たとえば，**順序7**のところで，患者が「えーと，知りたいことは……今日の検査はどういう検査なんですか？」と聞いてきたとして，検査者がそれに応じて，「今日やっていただくのは，インクのしみを見てもらってそれが何に見えるかをお答えいただくもので……」などと言わないように気をつけるということです。当然ながら，心理検査は刺激-反応モデルで構成されています。ここは厳密に堅持しなければなりません。

　なお，ここまでのやり取りの本質は，「インフォームド・コンセント」（Informed Consent：IC）の本質でもあります。一方的に説明して表面的な同意を得ても，ICが得られたことにはなりません。ICに関しては，**詳説C**をお読みください

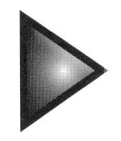

point2・ラポールについて

　臨床心理職がいう「ラポール」とは，表面的にニコニコと笑顔でいることとは違います。また，礼儀作法が身についていて敬語が使える，というようなことは社会人としての基本ではありますが，対人援助専門職としてはそれで充分ではありません。本章にあるようなやり取りのすべてが，「ラポールをつくる」ことにつながっています。村瀬（2009）は臨床心理職を目指す受験生に向けて次のように語っています。

　　この臨床心理という分野で決定的に難しいのは，基本は相手との関係ができることで成り立つ仕事ですから，自分はこれだけのキャリアと能力があると，いかに自己規定していても，相手がこの人に出会ったことに意味があると思わなければ，成り立たない。――中略――その認識なくして何時間勉強して，何冊本を読んだというのではいけないところが，この分野の難しいところです。受験生の方もそこを認識なさらないと，これだけ勉強したのになぜという気持ちになってしまうばかりでしょう。　　　　（村瀬，2009／アンダーラインは著者による）

　このように「ラポールをとる」という短い言葉に込められているものは大きく，基本的にいえば，その臨床心理職の対人援助能力そのものに由来します。ですので，上記の解説の要点を丸暗記してOK，といったような誤った理解はしないでください。

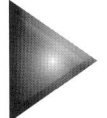

まとめ・もう一度，チェックを！

　なんとなく不安，なんとなく自信がない，といった状態のまま自分を放

置していては，臨床能力が上達しません。ここまでの解説を読んで，自分の念頭からまったく抜け落ちていたところがあれば，その部分を，イメージのなかであっても補強していくことが大切です。

　この章を読み終えたら冒頭の**シーン2**に戻って，もう一度，自分で最初から最後までシミュレーションしてみてください。その際，できるだけ具体的・現実的なやり取りを考えるのが上達へのコツです。やるとやらないとでは違います。すぐに，トライ!!

【Qの解答】

順序1　患者本人を確認する。
順序2　検査者として挨拶と自己紹介をする。
順序3　同じ時間帯にほかの予定が入っていないかどうかを確認する。
順序4　心理検査に関して，患者がどのように把握しているのかを確認する。
順序5　現在のコンディションを確認する。
順序6　心理検査の受検歴について確認する。
順序7　検査者として検査目的を改めて説明し，疑問があるかどうか，患者が知りたいことの希望について尋ねる。
順序8　だいたいの所要時間を伝える。
順序9　心理検査を受けることに関して同意を得る。

詳説 A　心理検査の受検歴（どのような心理検査を受けたのか？）

「どのような心理検査を受けたのか」に関する質問ですが，患者は心理検査名を聞かされていないことが多く，記憶も断片的であるのが普通ですので，質問を工夫する必要があります。

1．受検した検査名の特定

38頁にもある「紙に質問が書いてあって○×をつけるとか，絵を描くとか，絵を見るとか，手を使って何かやったとかはありませんか？」といった質問が有効です。これだけでも，ずいぶん心理検査の種類が絞れます。

2．紙に質問が書いてあって○×をつけた場合

どれくらいの分量だったのかを聞きます。それによって，SDSのように20問と短いものから，MMPIのようにかなりの問題数のある質問紙のなかで，範囲が絞れます。次に「どんなことが書いてあったか，覚えているものはありますか？」といった質問も，対象を同定しやすい質問です。たとえば「新聞を読むのにメガネが要るとか要らないとか，そういう質問でしたね」といった答えであれば，CMIである可能性が高いとすぐにわかります。

3．絵を描いたという場合

描画法と思われますので，何を描いたのかを尋ねるとわかりやすいです。「木を描きました」であれば，バウムテストの可能性が頭をよぎりますが，「ほかに何か描かなかったですか？」といった質問をしないと同定できません。

4．絵を見たという場合

ロールシャッハ法かTATの可能性が高いですが，一般の人はロールシャッハ法を誤解していて，想像力検査だと思っている場合があり，TATを受けたのに「知っているよ。ロールシャッハ・テストでしょ。そ

れを受けたんです」といった答えをしてしまう場合もあります。注意してください。

5. 知能検査の可能性

知能検査は，動作性の問題が含まれていることが特徴で，そこで知能検査であることが識別できることが多いです。さらにどのような種類の知能検査を受けたのかを知るには，「丸い玉や四角いのを，黒いヒモに入れていくようなことですか？」に

表2-1 2010年4月1日現在で診療保険点数として認められている臨床心理・神経心理検査一覧

	1. 操作が容易なもの (80点)	2. 操作が複雑なもの (280点)	3. 操作と処理がきわめて複雑なもの(450点)
D283 発達および知能検査	津守式乳幼児精神発達検査, 牛島乳幼児簡易検査, 日本版ミラー幼児発達スクリーニング検査, 遠城寺式乳幼児分析的発達検査, デンバー式発達スクリーニング, DAM グッドイナフ人物画知能検査, フロスティッグ視知覚発達検査, 脳研式知能検査, コース立方体組み合わせテスト, レーヴン色彩マトリックス, JART	MCC ベビーテスト, PBT ピクチュア・ブロック知能検査, 新版K式発達検査, WPPSI 知能診断検査, 全訂版田中ビネー知能検査, 田中ビネー知能検査V, 鈴木ビネー式知能検査, WISC-Ⅲ知能検査, WISC-R 知能検査, WAIS-R 成人知能検査（WAIS を含む）, WAIS-Ⅲ成人知能検査, 大脇式盲人用知能検査	
D284 人格検査	パーソナリティイベントリー, モーズレイ性格検査, Y-G 矢田部ギルフォード性格検査, TEG-Ⅱ東大式エゴグラム, 新版TEG	バウムテスト, SCT, P-F スタデイ, MMPI, TPI, EPPS 性格検査, 16P-F 人格検査, 描画テスト, ゾンディーテスト, PIL テスト	ロールシャッハテスト, CAPS, TAT 絵画統覚検査, CAT 幼児児童用絵画統覚検査
D285 認知機能検査その他の心理検査	CAS 不安測定検査, SDS うつ性自己評価尺度, CES-D うつ病（抑うつ状態）自己評価尺度, HDRS ハミルトンうつ病症状評価尺度, STAI 状態・特性不安検査, POMS, IES-R, PDS, TK 式診断的新親子関係検査, CMI 健康調査票, GHQ 精神健康評価票, MAS 不安尺度, ブルトン抹消検査, MEDE 多面的初期認知症判定検査, WHO QOL26, COGNISTAT, SIB, Coghealth（医師, 看護師又は臨床心理技術者が検査に立ち会った場合に限る）, NPI, BEHAVE-AD	ベントン視覚記銘検査, 内田クレペリン精神検査, 三宅式記銘力検査, ベンダーゲシュタルトテスト, WCST ウイスコンシン・カード分類検査, SCID 構造化面接法, CLAC-Ⅱ, 遂行機能障害症候群の行動評価（BADS）, リバーミード行動記憶検査, Ray-Osterrieth Complex Figure Test（ROCFT）	ITPA, CLAC-Ⅲ, 標準失語症検査, 標準失語症検査補助テスト, 標準高次動作性検査, 標準高次視知覚検査, 標準注意検査法・標準意欲評価法, WAB 失語症検査, 老研版失語症検査, K-ABC, WMS-R, ADAS

イエスであれば，田中ビネーである可能性が強くなる，といったような質問をします。

6．その他

インターネットに代表されるように，心理検査に関する情報は飛躍的に一般の方々の目に留まりやすくなっています。そのため，巷にあふれる心理検査占い（？）に類するものを「心理検査」と思って，受検歴ありと回答する患者もいます。

7．心理検査の診療保険点数

臨床心理職が行う専門業務として，心理検査の種類や内容に熟達するよう心がけるのは当然のことですので，**表 2-1** に，本稿執筆現在，診療保険点数として認められている臨床心理・神経心理検査の一覧を挙げておきます。これとは別に，自分が勤務している医療機関でよく用いられている尺度などがあれば，それに熟達するように努力しましょう。

詳説B　SCTの渡し方

表2-1に示されているように，SCT（文章完成法テスト）は臨床現場で頻繁に用いられているパーソナリティ検査です。ただし，単一で用いられることは少なく，ロールシャッハ法など，他の投映法や質問紙式のパーソナリティ検査と組み合わせて実施されることが多い検査です。

1．SCTの特徴

SCTについての解説は省きますが，SCTの回答は，受検者の意識的なコントロール下での反応であり，ロールシャッハ法や描画法ほど無意識につながる深い水準を見ることはできないものの，受検者自身が日常生活場面に即して考えていることが，刺激に応じて幅広く表現されるという基本的な特徴を持っています（深津，2004）。このように，受検者の自己概念や，自分を取り巻く人物や物事をどのように認識しているかを，ひとつかみにとらえられる利点があります。また，文章力や表現力といった知的能力や，書字の特徴から，神経心理学的な評価の測度としても有効な検査です。

さらに，一人で検査用紙に向かうことができるという特徴に乗じて，検査者・受検者双方が検査施行に充てる時間に制約があることや，病院などでは検査室が潤沢でないという現実的な理由から，現場では，**シーン2**のように患者に渡して病棟や自宅に持ち帰って書いてもらうといった"宿題"形式で行われることが少なくありません。

しかし，こうした形式での実施は，あくまでも便法として行われるものです（深津，2008）。病院臨床での心理検査は，治療の一環として患者を援助する医療スタッフと患者との関係性の文脈で行われるという点や，SCTへの回答や解釈のうえでの重要なポイントをできるだけ外さないように行うという意味で，次のような配慮が望まれます。

2．SCT実施にあたっての配慮事項

①海野さんの場合は，主治医の工藤先生からSCT用紙が渡されたのですから，治療の一環としてSCTが行われるという点から考えれば問題はありません。しかし，心理検査を実際に司る臨床心理職が直接，患者に教示のうえで用紙を手渡して，質問を受けることを含めてやり取りができれば，それに越したことはありません。その際，以下の点を伝えるようにします。

②入院患者であれば，デイルームのような他の患者がいる空間で回答するのでなく，通院患者であれば，他の家族がいる居間のような空間で回答するのでなく，自室で一人で取り組める空間を作って回答するように伝えます。他の人に相談しながら，あるいは他の人の目を意識しながら回答することを，できるだけ防ぐためです。

③提出する期日までに少しずつ書き込むのでなく，だいたいの所要時間（たとえば「人によってかかる時間は異なりますが，全般に1時間前後はかかるものです」）を伝え，これに回答するための時間を確保して，できれば1回で（一気に）書き上げてもらうように求めます。これは，1回の時間内に取り組むなかで，たとえば回答の特徴や傾向に前半と後半で違いが現れた場合，そのこと自体が患者のパーソナリティの力動的な特徴ととらえて理解できるからです。ただし，これは原則であって，患者の病像によって例外はもちろんあります。

④鉛筆ではなくボールペンの類を使って回答するように，訂正するときには二重線を使って訂正するように伝えます。言うまでもなく，訂正にも患者の特徴が現れます。訂正箇所にこそ重要な点が現れるといってもよいかもしれません。

⑤現在広く使われている市販の精研式SCT（1972）では，表紙の教示文に，「できるだけ早く1から順に」と書かれていますが，それを口頭でも繰り返し伝えるようにします。そのとき，「『できるだけ早く』とあるのは，はじめの言葉を見て一番初めに頭に思い浮かんだことを書いてもらえればよいということなのであって，じっくり考え込んで書く必要はありません」などと，口頭で説明を

補います。また，教示文の「すぐに浮かばないものがあったら，その番号に○をつけて後回しにし……」というところも，口頭で伝えます。すぐに思い浮かんで書かれた回答と，後回しで書かれた回答との区別を知ることは，やはり患者の特徴を理解するうえで大切なポイントとなるからです。

⑥以上を伝え，何か質問があるかどうかを尋ね，対応します。

⑦手渡すときには，提出用の封筒を添えて渡せると良いでしょう。言うまでもなく，患者の回答が大切に取り扱われることを示すためです。

詳説C　インフォームド・コンセントとは

1．医療現場での意味合い

　日本において，インフォームド・コンセント（Informed Consent：IC）という用語で一番多いのは，医療において医師が患者に「同意をとる」といったイメージでしょう。実際に，「同意をとる」ことを「ICをとった」と言う医療関係者も少なくありません。これは，Informed Consentの"Consent"（同意。辞書には，同意，承諾，承認，賛成，許可といった和訳が出てきます）に比重が置かれた理解になります。しかし，この用語をよく見ると，"Informed"が必須なことがわかります。"Informed"が必須ということは，説明すべき立場の者が対象者に充分な説明をすることが前提となっての"Consent"であることを物語っています。

2．和訳するとどうなる？

　さて，「インフォームド・コンセント」を臨床心理職として自分なりに和訳すると，どういう表現になるでしょうか。河合・柳田（2002）は，少し長くなっても「充分な説明を受けたうえでの納得・同意・選択」とすべきと発言しています。そうです。心理検査場面では，二人の間に充分なやり取りがあったうえでの"納得"に近いものでしょう。

　この用語の代表的な和訳として「説明と同意」と和訳されることがありますが，国立国語研究所外来語委員会（2006）は，「納得診療」という言い換えを提案しています。理由は「充分な説明を受けたうえでの同意」という意味を和訳に含ませるためです。提案された言い換え語は普及していませんが，"納得"という日本語を国語の専門家たちが入れようとした気持ちは伝わってきます。

　いずれにしても，「インフォームド・コンセント」を和訳するのが難しいため，医療現場では，そのままカタカナで表記されることが多く

なっています。

【第2章の文献】

深津千賀子（2004）：SCT（文章完成法）　岡部祥平・阿部惠一郎・鈴木睦夫・深津千賀子・川嵜克哲・菊池道子・小川俊樹編　投映法の見方・考え方　明治安田こころの健康財団　pp.87-101.

深津千賀子（2008）：SCT　小川俊樹編　投影法の現在　現代のエスプリ別冊　至文堂　pp.132-142.

河合隼雄・柳田邦男（2002）：心の深みへ──「うつ社会」脱出のために　講談社　pp.68-69.

国立国語研究所外来語委員会（2006）：分かりやすく伝える外来語言い換え手引き　ぎょうせい　p.53.

村瀬嘉代子（2009）：鼎談　清水潔・村瀬嘉代子・大塚義孝　指定大学院・専門職大学院と求められる臨床心理士像　大塚義孝編　こころの科学　臨床心理士養成指定・専門職大学院ガイド 2009　日本評論社　pp.2-12.

小川俊樹（2001）：アセスメント技法（1）投影法　下山晴彦・丹野義彦編　講座臨床心理学2　臨床心理学研究　東京大学出版会　p.149.

佐野勝男・槇田仁（1972）：精研式文章完成法テスト解説──成人用　金子書房

津川律子（2009）：インフォームド・コンセント　佐藤進監修，津川律子・元永拓郎編　心の専門家が出会う法律〔第3版〕誠信書房　p.198.

第3章
心理検査依頼書に基づいた
心理検査の実施①
——復習を兼ねて

自分が実施する心理検査に関して，検査実施法を熟知しているのは当然のこと。そこから先は？

　ここで，病院勤務は初めての加藤さんの登場です。教育臨床から医療現場に立つことになりました。加藤さん，うまく立ち回れるでしょうか。早速シーンを見てみましょう。

◎シーン8◎

　ぼく，加藤英広は，教育相談所の非常勤を3年経験して，この10月から念願の総合病院に常勤の臨床心理職として勤めることになった（やったぜ！）。はじめの1カ月は研修を兼ねて外来のデイケアや病棟グループに入っていたけど，明日からいよいよ心理検査だ。心理室長の渡瀬先生（総合病院勤務が約15年）からWAIS-Ⅲだと聞いている。WAISなら院生のときの病院実習で2回は経験がある。前の職場でもWISCはとっていた。いきなりロールシャッハ法とかじゃなくて内心ホッとしている。いちおうマニュアルも読み返したし，検査室で道具のチェックも済ませた。まあ大丈夫だな，と席に戻って思わず伸びをしかけたところに，心理室長から申込票（表3-1）を渡された。ふーん，こういう書類って病院によってずいぶん違うんだよな……。「46歳，女性，精神神経科外来，松田直子，診断名：うつ病疑い」か。特記事項もなさそうだ。まあ，外来の人だし，若いから見当識も意識も大丈夫だろう。よし，算数問題，もう一度暗記しておくか。準

備は入念に，と。

渡瀬室長：「加藤さん，明日から検査だね。よろしくお願いします。準備は大丈夫かな？」

加藤さん：「あ，はい……。念のため，算数の問題を覚えているかどうか，もう1回マニュアルで確認しとけば大丈夫です！」

渡瀬室長：「え？　それだけ？」

加藤さん：「は？？？」

渡瀬室長：「……」

渡瀬室長は唖然としています（加藤さん，早くもピンチ?!）。「算数の問題」だけではなく，室長は何を加藤さんに伝えたいのでしょう？

さあ，あなたならどうする？・・・

☀セルフチェック！（自分なりに考えをまとめてみましょう）

Q．渡瀬室長の様子から，マニュアルの確認以外に大切なことがありそうです。事前確認において基本的には何が必要なのでしょうか？　第1章で学習したことと重なってもかまいませんので，どのような事前確認が，どのような順序で必要なのか，シミュレーションしながら列挙してみてください。

⇨ 解答は68ページです

Qの解説

はじめに，**第1章の山田静子さんのように，依頼医と事前に話し合いができればそれに越したことはありません。**ただし，実際そのようなことは

稀です。山田さんはむしろラッキーだったといえるでしょう。外来・病棟と多くの患者を診ている医師は，いつも多忙です。依頼医が週1日しか病院に来ない非常勤医であれば，話し合えるチャンスはさらに限られてしまいます。そのため，検査依頼のための手続きが決められています。病院によって形式はさまざまですが，心理室設置の申込ノートに依頼医が書き込む形式だったり，コンピューターに必要事項を入力する形式だったり，このシーン8のように申込票が送られてきたりする場合などがあるでしょう。シーン8での申込票は**表3-1**のようなものでした。

表3-1 シーン8における心理検査申込票の記載内容

心理検査申込票		予約日　平成X年　＊月＊＊日 10：30～	
カルテNo.	01234567		
氏名	松田直子　　男	精神神経　科	依頼医：佐藤
年齢	46歳　Ⓕ　＊年10月16日（生年月日）		
診断名	うつ病 susp.		
依頼目的	もの忘れの自覚が強く　器質性疾患（dementia）のR/O		
依頼検査　　☑発達・知能検査　〔　　WAIS-Ⅲ　　　　　　　　　　　　　〕　　□人格（性格）検査〔　　　　　　　　　　　　　　　　　　　　　　〕　　□その他の検査　〔　　　　　　　　　　　　　　　　　　　　　　　　〕			
主訴経過（含：テストに関する要望，注意事項など）　　HX-4年頃より，もの忘れを自覚，その後，集中力，意欲低下，自責感が進行			
心理検査に関する具体的な説明　　健忘症との鑑別のため，心理検査をしましょう。			

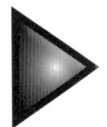

順序1・患者名，IDナンバーの確認，性別，年齢の確認，受診科の確認，予約状況の確認

■1．患者名，IDナンバーの確認，性別，年齢の確認

まず，申込票の患者名，性別，年齢，IDナンバーが正しく書かれているかを確認するのは，いうまでもありません（**第1章を参照**）。医療事故防止のための大切な情報源です。

■2．受診科の確認

総合病院の場合，受診科が複数にわたる可能性は大いに考えられます。**表3-1**のような場合，依頼した佐藤医師は精神神経科の医師で，患者の松田直子さんは精神神経科にかかっている患者だと思われますが，松田さんは表3-1に書かれている症状ではない訴えで，他の診療科を受診している可能性もありますから，この点の確認も必要になります。つまり，受診科が精神神経科と記入されていても，はじめから精神神経科を受診したのか，それとも他科からの紹介で精神神経科を受診したのか，その受診経路の違いも，後の検査実施において重要な情報となることがあります。

■3．当日の予約状況

翌日の松田さんの予約状況はどうでしょうか。心理検査の予約時刻は午前10時30分となっていますが，その後に診察や他の検査が控えているかどうか，前日の時点で確認できることは確認しておいたほうがよいでしょう。たとえば，30分後にMRIが入っていたら，依頼医や検査部に連絡して相互に調整を図る必要があるでしょう。依頼医の佐藤先生が精神科医で，すべての心理検査の所要時間について把握していれば，そのような予

約の入れ方はしないものと思われますが、それは理想論です。

また、午前が心理検査で午後がMRIといったスケジュールであれば、松田さんは一日がかりで複数の検査を受けることになります。外来患者の場合、そうそう何日も来院できるわけではないので、一日で済ますことができるようにスケジュールが組まれることも大いにありえます。一日がかりで検査を受ける松田さんの心境に思いを馳せつつ本番で出会うことが、算数問題の暗記よりも大切な事柄になります。

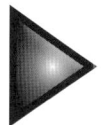

▶ 順序2・診断名のチェック。さらに主症状は何かを確認する

■1．確定診断か暫定診断か

医師が心理検査を依頼するケースの場合、**第1章の詳説Aで述べたように**、鑑別診断の補助を目的として依頼される場合が少なくありません。**表3-1**の申込票のように、松田さんの場合は「うつ病 susp.」、すなわち「うつ病疑い（suspect）」とあります。ここですでに、現在の松田さんの精神医学的診断は暫定的であり、確定診断に至っていないことから、今回の心理検査実施目的が鑑別診断補助のためであるという見当がつきます。しかし、診断を確定するために、ほかのどのような疾患と鑑別するかについては、この欄からだけではわかりません。

■2．主症状は何か

主症状に関しては、「HX-4年頃より、もの忘れを自覚、その後、集中力、意欲低下、自責感が進行」と、主訴経過の欄に記入されています。ここから、松田さんの主たる症状は、うつ病を疑うのにほぼ妥当と思われる精神機能の諸症状であることがうかがえます。しかし、だからといって、

こうした記述的な用語を確認しただけで早合点して，思考停止してはいけません。それらを実際に松田さんがどのように具体的に体験しているのかについて，検査者はどれほど思いを馳せることができるのかが，実際の検査場面で松田さんと出会い，検査に導入するための大事なポイントとなります。

では，「4年前よりもの忘れを自覚」とは，どのようなことだったのでしょうか。以下にいくつか列挙してみます。

(1) 「4年前より」について
　・自覚するに及んだ具体的なエピソードがあるのか。
　・そのときの身体的コンディションはどうだったか。
　・性（更年期など）や年齢に応じた特徴はあるのか。
　・環境や人間関係の変化などがあったのか。
(2) 「もの忘れ」について
　・対象――人物についてなのか，意味記憶に関してか，手続き記憶か，エピソード記憶に関してか。
　・記憶――近時記憶に関してか，長期記憶に関してか。
(3) 「自覚」について
　・文字通り自分で自覚したのか。
　・周囲の指摘によって自覚するようになったのか。
　・自覚とは名ばかりで，周囲の人の陳述からこのような記載となったのか。
(4) 　受診経緯について
　・自分で診てもらうことが必要と思って受診を決めたのか。
　・周囲の人の勧めによるのか。
　・周りに勧められ自分でも必要と思って決めたか，しぶしぶ受診したのか。

これら以外にも，治療の過程のどのくらいの時期なのか，それを松田さんはどのように受け止めているのかなど，さまざまなことを思い巡らせることができるようになると，それらが後の出会いの各段階で活かされてくるものです。

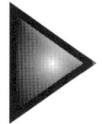

▶ 順序3・特記事項があるかどうか，特に身体状況（視力・聴力・麻痺・意識水準・医学的留意点）を確認する

■1．一度で検査を完遂できるコンディションか

　表3-1の申込票の注意事項には，特に何も記載されていないようです。加藤さんが思うように，見当識も意識も大丈夫なのかもしれません。しかし，うつ病疑いの松田さんです。申込票にも「集中力，意欲低下」とあります。WAIS-Ⅲの受検に堪えられそうかどうかが，まず気になるところです。

　1回でできそうかどうか，1回でできるにしても加藤さんのようなビギナーであれば，いくら準備を入念に行ったとしても，WAIS-Ⅲ実施経験の少なさそれ自体の要因で，熟練した検査者と比べてどうしても所要時間が長くなりがちです。2時間，あるいはそれ以上を見越しておかなければならないかもしれません。

　そして，実際に1回でできない状況であれば，残りの実施をどのようにするか，松田さんは外来患者ですから，休憩を入れてその日のうちに完遂したほうがよいのか，日を改めて実施したほうよいのか，当日のご本人のコンディションを確認したうえで判断することになるでしょう。

■2．身体状況

　WAIS-Ⅲの動作性検査は，視覚刺激を提示して行います。言語性検査でも，単語課題では文字のカードを提示します。松田さんの年齢であれば老眼があるとしても軽いでしょうが，念のため，老眼鏡やルーペを準備しておくとよいでしょう。そのほか，随伴する機能低下ないし機能障害があるかどうかも，事前にカルテを閲覧できるのであれば確認しておくようにします。また，**第1章**でも触れた聴力・麻痺・意識水準などについても，まだこの時点では「問題なし」とは言い切れません。

▶ **順序4 ● 依頼目的を確認し，依頼目的に即した実施検査を考える。あるいは依頼された検査が妥当かどうかを吟味する**

■1．依頼目的と実施検査

　依頼目的の確認，これが最も大切であることは**第1章**で学習したとおりです。これは本章においても，最優先事項です。そのうえで，本章ではさらに，依頼された検査が依頼目的に合ったものかどうかを吟味します。ここでは，具体的にWAIS-Ⅲを依頼されていますが，具体的な実施検査の指定がなければ，依頼目的に即した実施検査を考えます。松田さんの場合，診断名は「うつ病susp.」ですが，目的は「器質性疾患（dementia）のR/O（rule out）」，つまり，認知症との鑑別となっているので，パーソナリティ検査ではなく，包括的な神経心理学的心理検査バッテリーのひとつとして位置づけられるWAIS-Ⅲが，依頼されたのだと考えられます。この場合，依頼目的に鑑みて，佐藤先生が記入したWAIS-Ⅲは妥当であるといえるでしょう。

■2．妥当でない場合

　もしこの時点で，具体的に依頼された検査が，依頼目的にとって妥当とは思えないようなことがあったとします。これは，臨床心理職の倫理としても大切な局面です。依頼目的と指定された心理検査が合致していないのを専門家としてわかっているのに，意図的に見過ごすことは，患者とご家族の利益に反します。依頼医とコミュニケーションをとって，事前にそのことを伝え，相談するようにしましょう。そもそも，事前に検査種目の選択に関して，依頼医と話し合って，場合によっては変更もありうることを承知しておいてもらえば最善です。

　しかし，そのようなチャンスが得られなければ，場合によっては依頼目的に即した別の検査を実施し，事後報告することになるかもしれません。そのような場合，具体的には，渡瀬室長に相談して対応を考えることが大切です。ビギナーのうちは，「ほう・れん・そう」です!!　一つひとつの臨床判断を，経験豊かな上司もしくは先輩に確認してもらいます。心理検査に関しても，院内のコミュニケーションの取り方についても，経験ある上司もしくは先輩がいるのであれば，相談するようにします。一人で抱え込まないことが大切です。

　ところで，心理検査の選択の妥当性に関して臨床心理職から説明を行うことは，依頼医に心理検査についてよりいっそう理解してもらえるチャンスです。医療において臨床心理職が医師から学ぶことが多いのは当然ですが，臨床心理職のほうも，個々の事例を通して医師やその他のスタッフに心理検査の説明をする"仕事"を惜しまないようにしましょう。「あの医師はわかっていない」と嘆いて終わってしまうのでは，自分の仕事をつまらないものにするだけです。相互の専門性を尊重し，互いに学び，理解し合うことで，自らの職能を高めていくこと，それが何より患者とご家族へのサービス向上につながります。

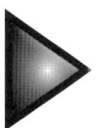

順序5 ● 依頼された検査が依頼目的に妥当なものであるとして、ほかに追加実施したほうがよい検査があるかどうかを考えておく

■1．実施検査の追加について

　言うまでもなく，検査バッテリーにかかわる事柄です。松田さんの場合，主訴は「物忘れの自覚」であり，依頼目的は「器質性疾患（dementia）のR/O」であり，佐藤先生は松田さんに「健忘症との鑑別のため，心理検査をしましょう」と伝えたようです。ただし，WAIS-Ⅲは記憶機能を特異的に同定するための検査ではなく，知的／高次脳機能全般を包括的に査定する検査です。繰り返しになりますが，佐藤先生はその点をよくわかっていて，まずはWAIS-Ⅲの結果を見たいということであれば，妥当な検査依頼といえます。佐藤先生は，今回のWAIS-Ⅲの結果を見てから記憶検査の追加実施を依頼することを考えるのかもしれませんが，加藤さんのほうから，WMS-Rのような記憶検査を追加実施して精査することを，佐藤先生に提案する必要があるかもしれません。

　また，その場の判断によって，簡易な記憶検査（ベントン視覚記銘検査，MMS言語記憶検査）を行ってみるということも考えられます。すでに診察のなかで簡易な検査（HDS-R，MMSEなど）を行っている可能性もありますので，カルテを読む際に気をつけておきます。

　さらに，WAIS-Ⅲで知的に何らかの課題があるという結果が出たとしても，その結果によっては，それが認知症による知的機能の低下を反映したものなのか，元来の知的水準を反映したにすぎないのかを，さらに精査する必要があるかもしれません。その判断のためには，患者の教育歴や職歴，発症前の適応水準などの情報との照合が不可欠です。この点をカルテ

から，あるいは検査時に患者に聞くことによってつかんでおかないと，WAIS-Ⅲを実施したとしても，鑑別診断という治療の一段階に寄与することが困難です。患者のコンディションや時間の兼ね合いなどの条件もかかわってきますが，簡易なものとしてJARTの追加実施も考えて準備しておくとよいかもしれません。

■2．代替検査について

　状況に応じて，代わりに行う検査を準備しておく必要があるかどうかについて考えておくことも，日常の臨床では大切です。患者に実際に出会ったときの様子（臨床像）によって急遽変更したり，あるいは患者のために実施しないという選択を採る場合もあります。**シーン8**のような知能検査実施を巡る状況に限っていえば，変更が考えられる場合とは，事前のHDS-Rにおいて認知症を疑うカット・オフ・ポイントを下回る結果を示している場合や，見当識の障害が疑える場合，抑うつ症状の制止が強い場合などがあります。

　病院臨床において知能検査を実施する場合，最初の選択として挙げられるのはWAISやWISCといったウェクスラー法ですが，どのような場合にそのような代替検査の選択が考えられるかというと，成人の場合，以下のような場合が挙げられます。

●代替検査選択の例
（1）障害年金の申請で，書類に具体的数値が必要な場合
　①何らかの症状によってWAIS-Ⅲのすべてを実施するのが難しい場合は，IQ算出に必要な下位検査のみを実施する。
　②臨床像から知的水準が中等度精神遅滞レベルより低い可能性が見込まれ，WAISの偏差IQではIQを算定できないことが予測される場合は，田中ビネー知能検査Ⅴ，ないし鈴木ビネー知能検査。

③失語症状態などによって言語的コミュニケーションが難しい場合は，コース立方体組み合わせテスト。
(2) 具体的数値は必ずしも必要ではないが，症状や状態像によってWAIS-Ⅲのすべてを実施するのが難しい場合
・依頼目的に即してWAIS-Ⅲの下位検査を選択実施（WAISの下位検査は，一つひとつを独立した標準化検査として実施することが可能）。それも難しく，2〜4の下位検査の実施がせいぜいと思われる場合は，WAIS-Ⅲの簡易実施法（2009）。

　いずれにしても，加藤さんのように「WAIS-Ⅲを依頼されたからその準備だけを入念に行えばよい」というものではありません。この点はパーソナリティ検査についても同様ですが，ここで出てきたWAIS-Ⅲを取り巻くいくつかの心理検査については，**詳説A**にまとめました。

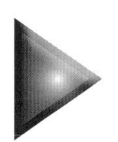

順序6 ● 患者は医師から心理検査についてどのように説明されたのか。患者はそれに対して同意しているのかどうかについて確認，あるいは推測しておく

■1. インフォームド・コンセント

　第2章でも解説したように，このことは依頼目的の確認と並んで，この時点での最重要事項です。病院ではほとんどの場合，検査者としての臨床心理職が患者に出会う前に，患者と医師との出会いがあります。しかし，その状況について，検査者は申込票を受け取った段階では情報を得ていません。

　検査の実施に際しては，実施前の準備として，必ず患者に前もって心理

検査を実施することを伝え，何のために実施するのかを説明し，患者から余分な不安を取り除いておくことが必要です。これは，依頼医（主治医）の役割です。そこでたとえば，医師と患者の関係が親和的であり，その医師から「心理の人と会ってテストを受けてください」と告げられた場合なら，患者と臨床心理職との出会いは比較的スムーズに進むでしょう。そうでない場合には，患者は自分の悩みばかりか，医師への，ひいては病院への不満や嫌悪感を抱いて，検査室を訪れることになるわけです。

臨床心理職は，患者にとって病院や医師との出会いがどのようなものであったか，そして検査に関して医師からどのような説明を受けたか，患者はそれをどのように受け止めたか，といった点を把握しておく必要があります。

こうしたことについて事前に情報が得られていれば，出会いに際してシミュレーションしやすくなります。**表3-1**には佐藤先生が松田さんに伝えた内容のみが記入されており，松田さんがそれに対してどう反応したか，どう感じたかについてまではわかりません。さらに，医師が検査の趣旨や目的を患者に説明して，患者の同意が得られているからといって，検査実施に際して「問題なし」と断ずるのは誤りです。

心理検査は主治医の治療の一環として実施されるものですが，本番の検査場面を司るのは，検査者としての臨床心理職にほかなりません。どのように検査に導入するかといった検査者と受検者の関係性や相互作用が，受検者の検査態度や，検査に対する反応に影響してきます。心理検査の結果は，検査者と受検者の相互作用の産物でもあるのです。ここが曖昧な読者は，**第2章**で再確認してください。

■2．結果の伝達は？

実施結果の所見は，依頼医（主治医）に対して，一定の様式の文書・レポートという形式で伝達されるのが通常です。医療で行われる心理検査の

結果の伝達は，医師によってなされる場合が多いと思われます。そうだとしても，それはあくまでもスタッフの側の慣習や了解事項であり，検査を受ける患者にとって周知のこととは限りません。検査導入の際に，検査者は患者に，結果の伝達を含めて結果がどのように扱われるのか，事前に伝えておく必要があります。**第1章**の解説にあったように，この点について念頭に置いて確認するようにしておきます。

＊　＊　＊

さて，この心理検査依頼書に基づいた心理検査の実施にあたって確認すべき事項には，まだ続きがあります。それは次の**第4章**で解説します。

【Qの解答】

順序1　患者名，IDナンバーの確認，性別，年齢の確認，受診科の確認，予約状況の確認。

順序2　診断名のチェック。さらに主症状は何かを確認する。

順序3　特記事項があるかどうか，特に身体状況（視力・聴力・麻痺・意識水準・医学的留意点）を確認する。

順序4　依頼目的を確認し，依頼目的に即した実施検査を考える。あるいは依頼された検査が妥当かどうかを吟味する。

順序5　依頼された検査が依頼目的に妥当なものであるとして，他に追加実施したほうがよい検査があるかどうかを考えておく。

順序6　患者は医師から心理検査についてどのように説明されたのか。患者はそれに対して同意しているのかどうかについて確認，あるいは推測しておく。

詳説 A　WAIS-Ⅲ周辺の諸検査

　詳説Aでは，本章で登場した各種検査について，登場した順に以下に説明していきます。

　なお，【コメント】には，臨床現場での実施に際しての"感触"を述べました。

1．日本版ウェクスラー記憶検査法（日本版 WMS-R）

　短期記憶と長期記憶，言語性記憶と非言語性記憶，即時記憶と遅延記憶など，記憶のいろいろな側面を包括して評価するために開発された，米国版 Wechsler Memory Scale-Revised を基に作成されました。13の下位検査からなり，「一般的記憶」（言語性記憶と視覚性記憶）と「注意/集中」という二つの主要な指標得点が得られます。また，四つの遅延再生検査から，遅延再生指標得点が得られます。これは，いわゆる短期記憶の指標です。適用年齢は16～74歳です。

【コメント】
　記憶の諸側面を評価できる，いわば記憶のアセスメント・バッテリーという点で他に類を見ない検査です。短期記憶の指標が含まれている点も特徴といえるでしょう。記憶能力の精査に適しています。ただし，機械の操作手続きのような習得技能の記憶に関する側面は含まれておらず，そうした限界を認識して使用することが重要です。

2．ベントン視覚記銘検査

　視覚認知，視覚記銘，視覚構成能力の評価と分析に用いられます。1枚の図版の中に，図形1個または大小3個の図形（モデル図形）が描かれています。これを1枚ずつ見せて隠した後に，モデル図形をモデルと同じサイズの記録用紙に，同じサイズ，同位置に描いて再生してもらいます。採点は，誤りが一つもないカードの数を「正確数」とし，省略，歪み，保続，回転，置き違い，大き

さの誤りの数を，規定にしたがって算出して小計し，「誤謬数」とします。年齢をふまえて，視覚認知，視覚記銘力，視覚運動機能を分析し，知能水準，大脳損傷の程度，部位などとの関連も検討できるとされています。

検査は一つ以上の図形が描かれている10枚の図版から構成されており，3種類の図版形式（Ⅰ〜Ⅲ）があります。図版は各形式を通して対応した同質のもので，難易度も等しくなっているので，練習効果と習熟の可能性を避けて再検査を行うことができます。脳損傷や脳疾患が疑われる子どもや成人，学習障害児の視覚認知を明らかにします。適用年齢は6〜13歳の児童，および成人です。

【コメント】

誤謬が視空間の左右のどちらに多いかを見る指標も含まれていることから，左半側空間無視などの高次脳機能障害の指標も検出できる特徴を備えています。短時間で実施できる（10分前後）点も，実用面での特徴といえます。

3．MMS言語記憶検査 (Meaningful and Meaningless Syllable Memory Test)

有意味綴りと無意味綴りの片仮名2文字を記した各5枚ずつのカード，計10枚からなっています。まず，有意味カードを1枚4秒ずつ順次呈示して，順序を毎回変えながら同じことを5回繰り返し，再生された内容を記録用紙に記録します。次いで，無意味綴りでも同じことを繰り返します。短時間で測定でき，受検者の負担が少ない検査です。適用年齢は20〜89歳の成人です。

【コメント】

これも短時間で簡便に実施できる（10分前後），視覚性-言語性の即時記憶検査です。そのうえ，A〜Fまでの6セットのカードが用意されているので，再検査の患者の場合など，臨床で役立ちます。

4．長谷川式認知症スケール (HDS-R)

見当識問題に，即時記憶と計算問題を加えた項目で構成されています。1974年に作成され，1991年に改訂版が発表されました。得点範囲は

0〜30点で，20点以下がdementia，21以上が非dementiaとされています。医師による臨床診断との相関は0.77と高く，充分な妥当性が示されています。しかし，点数はあくまでも目安であり，専門医の診断を待たなければなりません。

【コメント】

施行法が簡便で10分前後で実施でき，直ちに結果を得られることから，一般診察のなかで医師によって行われることも少なくない検査です。しかし，当然ながら，得点がカットオフポイントを上回るか否かだけでなく，誤りのパターンを分析するなど，結果の質的な吟味も重要です。

5．MMSE (Mini-Mental Status Examination)

入院患者の認知障害を測定する目的で標準化された，簡便な検査です。見当識課題，即時記憶課題のほかに，紙を折ることや書字，立方体透視図形の模写が課題に含まれており，全11項目で構成されています。得点範囲は0〜30点で，20点以下の場合，認知症，せん妄，統合失調症，気分障害のいずれかによって知能が障害されている可能性が高いと

されます（Folstein, 1975）。HDS-Rに比べて，書字や模写課題があることによって，失読失書，左半側空間無視，構成障害などのチェックも可能との特徴があります。しかし，これもHDS-Rと同様，点数はあくまでも目安であり，診断は専門医を待たなければなりません。

【コメント】

上記のHDS-Rと同じですが，国際的に使われています。

6．JART (Japanese Adult Reading Test)

英国でNelsonらによって作成されたNational Adult Reading Test（NART）のアイディアを，日本語に応用した検査です。この検査の目的は，認知症により知的機能が低下した患者の，罹患前の知能を推定することにあります。①認知症に罹患した後でも比較的保持される能力で，かつ，②IQと相関することが予測される能力を評価することで，病前IQを推定できるとの考えを前提に，代表的な認知症性疾患としてアルツハイマー（Alzheimer's disease）を想定しています。通常のアルツハイマー（AD）患者では，近

時記銘力や見当識が障害される一方，音読能力(漢字，ひらがな)，数唱課題などの復唱能力，慣れた動作・技能，といった手続き記憶は中等度まで比較的保持されることが知られており，この保持される能力のうち，IQとの相関が最も期待されるのは漢字の音読能力であると考え，予備調査を経て，統計的な妥当性が支持されています。ただし，JARTによる予測IQは，76〜124の範囲にあります。このため，非常に高いIQを有する対象では，実際のIQよりも低く見積もってしまうとともに，非常に低いIQを有する対象者においては，実際よりも高く見積もってしまう限界を有しています。検査内容は熟語の音読課題50語からなり，通常であれば10分以下で終了します。

【コメント】

　簡便で短時間で実施できる利点もさることながら，知的機能低下の要因が病前にあるのか病後にあるのかという，臨床における日常的な問題を具体的に検討できる，今までにないタイプの心理検査であると評価されています。ただし，結果はあくまでも統計学上の推定であり，上記のような限界を認識して使用することが大切です。

7．田中ビネー知能検査Ⅴ

　フランスの心理学者Binetと精神科医Simonの作成によるビネー・シモン式知能検査(1905, 1908, 1911)を，アメリカのTerman(1916)が米国人用に翻訳したスタンフォード改訂版（スタンフォード・ビネー知能検査）を原法として，田中寛一(1947)が日本人用に「田中びねー式知能検査」を発表，その後改訂が重ねられ，現在は「田中ビネー知能検査Ⅴ」(2003)に至っています。創案したBinetが，知能を，「さまざまな事態に自分を適応させる働きであって，いかに判断し，了解し，推理するかが知能であり，一つの統一体として存在するもの」と定義し，知能は要素に分析できるものではないとしたこと，またTermanも，知能は一つの因子からなると主張したといった背景から，IQ（Intelligence Quotient）は，比例IQ（精神年齢 mental age／生活年齢 chronological age）として算出されていました。しかし，最新の田中ビネー知能検査Ⅴでは，2〜13歳までの受検者はほぼ従

来どおりの知能指数（IQ），および精神年齢を算出しますが，14歳以上は原則として偏差知能指数（DIQ）を算出するようになり，精神年齢は原則として算出しないこととなりました。また，成人の知能は「結晶性領域」「流動性領域」「記憶領域」「論理推理領域」の4領域で分析的に測定可能となった点も，大きな改訂点です。

【コメント】

成人では，知的水準が中等度精神遅滞レベルより低い可能性が見込まれる場合に実施されることが多いですが，生活年齢が成人以上の受検者に実施する場合，検査を効率的に行う（受検者の負担を最小限にとどめる）のに，どの年齢級の課題から開始すればよいかを判断するためには，臨床的な経験や知識がかなり求められます。

8．鈴木ビネー知能検査

田中ビネーと同じく，スタンフォード・ビネー知能検査を原法として，鈴木治太郎が日本人向けに改訂，標準化作業を進め，「実際的個別的知能測定法（鈴木ビネー式知能検査）」（1930）を発表，その後修正や増補（1936，1941，1948，1956）が施されました。長い年月を経て，2007年に改訂版が刊行されるに至りましたが，田中ビネー知能検査Ⅴが，偏差知能指数を導入したり，成人に限りますが知能を分析的に測定可能としたのに対し，この鈴木ビネー知能検査は，原法の比例IQを一貫して用い続けていることが今や特徴となっています。所要時間が比較的短く，用具も簡便である実際的な特徴も引き継がれています。この点から，この改訂の前版である1956年版は，高齢者の知能査定に適していると評価されていました。

【コメント】

1956年版は，割烹着を着た母親が火鉢のそばに座っている絵など，課題刺激として用いられている状況画の内容の古さが，かえって高齢者には親しみやすく抵抗が少ないという特徴も備えていました。

9．コース立方体組み合わせテスト

聴覚障害児，言語障害児のために，Kohsが1923年に開発したというブロックデザイン・テスト（Kohs Block design test）を，大脇義一が

日本人用に改訂した，その改訂増補版（1979）です。Kohs は，「知能とは，目的達成のために新奇な問題を分析したり総合したりする能力である」と定義し，立方体を組み合わせる作業によって，人がはじめて遭遇する経験外の問題を分析したり総合したりする能力を測定しようとしました。これは回答に言語を必要としないので，動作性知能検査です。適用範囲は6歳から成人です。

【コメント】

具体的な IQ の数値が必要で行う場合でも，臨床的には，あくまでも視覚構成能力という限られた知能の側面を評価していると認識して実施し，結果を解釈することが大切です。また成人の場合，IQ はすべて暦年齢 16 歳に修正されたうえで算出されるという問題点を含んでいることも，認識しておく必要があります。検査内容としては WAIS-Ⅲ の積木模様と同様です。

10. 日本版 WAIS-R 簡易実施法

受検者側の心身の固有な障害条件や機能低下のため，WAIS-R を正規に実施することが困難な場合などに（三澤，1993），所要時間を短縮して，20 分以内で全般的な知的水準の推定評価を行うことを目的に考案されました。

日本版 WAIS-R の下位検査から測定する三つの知能因子から偏りなく選ぶこと，できるだけ信頼度係数が高くなる下位検査の組み合わせを採用すること，簡易実施法により推定された IQ が標準実施法による正規の IQ と高い相関を示すこと，実施時間が短い下位検査を選ぶこと，などの条件を考慮して，2 下位検査実施法（知識・絵画完成），3 下位検査実施法（知識・絵画完成・数唱），4 下位検査実施法（知識・絵画完成・符号・類似）が開発されました。

しかし，療育手帳や年金申請のための基準としてこの簡易法による推定値を使用することは，避けなければなりません。その場合には，あくまでも正規の判定値を使用するべきです。適用年齢は 16 ～ 74 歳です。

【コメント】

現在，日本版 WAIS-Ⅲ の簡易実施法が開発され（大六ら，2009），公開されています（大六，2011）。

11. ウィスコンシン・カード・ソーティング・テスト
(Wisconsin Card Sorting Test：WCST)

　元来は健常児を対象として，概念形成ないし思考の柔軟性を調べることを目的として作成されました。臨床的には，Milner が1963年にこれを前頭葉損傷の患者に適用して以来，世界的に知名度が高く，WAIS-Ⅲやビネー式のテストでは測定しえない知能の側面（単純な記憶や，注意とは異なるハイレベルの情報の操作や計画性を要する，いわゆる遂行機能）を，効果的に評価できる検査として注目されています。日本では，ウィスコンシン・カード・ソーティング・テスト慶応版が発表されています（鹿島・加藤，1993）。
【コメント】
　本章の解説には出てきていませんが，病院臨床では，「前頭葉障害の診断補助」や「遂行機能の評価」を目的として，心理検査の実施を依頼される場合があります。この場合，WAIS-Ⅲに WCST を組み合わせて実施するのが一般的です。これは，まずWAIS-Ⅲで全般的な知的機能の障害を否定し，そのうえで，WCSTによって前頭葉機能ないし遂行機能の障害を見出せるか否かをみる，という計画に基づくものです。

12. レーブン色彩マトリックス検査
(Ravens' Progressive Matrices)

　幾何学図形（meaningless figures）の一部分が欠けているか，あるいは4個ないし9個の図形のうち1個分が欠落しており，その空白にどの図形を当てはめたらよいかを，周囲の図形との関連から推論し，matching (pointing) により指摘してもらうものです。選択肢は6個ないし9個の図形で，同じページの下半分に描かれています。欧米では非常に利用頻度が高く，神経心理学的検査として医学論文にしばしば登場します。日本版は1993年に刊行されました。重度の言語障害と運動障害がある患者の知能診断が可能です。対象年齢は45歳以上です。
【コメント】
　これも本章の解説には出てきませんが，検査内容としては WAIS-Ⅲの行列推理と同様で，指さしのみで回

答できることから,病院臨床では言語障害や運動障害,あるいはその両方を持つ患者にできるという点で,貴重な検査です。

【第3章の文献】

Benton A. L. / 高橋剛夫訳（1966）：ベントン視覚記銘検査――使用手引 三京房

大六一志（2011）：第3部第1章 簡易実施法 藤田和弘・前川久男・大六一志・山中克夫編 日本版WAIS-Ⅲの解釈事例と臨床研究 日本文化科学社 pp.183-195.

大六一志・山中克夫・藤田和弘・前川久男（2009）：日本版WAIS-Ⅲの簡易実施法(2) 日本心理学会第73回大会発表論文集 p.433.

Folstein, M. F., Folstein, F. E., & McHugh, P. R. (1975)：Mini-Mental State：A practical method for grading the cognitive state of patients for the clinician. *J. Psychiatr Res*, 12, 189.

池田淑夫（1990）：MMS言語記憶検査使用手引 名古屋心理センター・名教書

鹿島晴雄・加藤元一郎（1993）：前頭葉機能検査――障害の形式と評価法 神経進歩, 37-1.93-111.

加藤伸司・下垣光・小野寺敦志ほか（1991）：改訂長谷川式簡易知能スケール（HDS-R）の作成 老年精神医学雑誌, 2-11, 339-1347.

Kohs, S. C. / 大脇義一編（1976）：コース立方体組み合わせテスト使用手引 三京房

松岡恵子・金吉晴（2006）：知的機能の簡易評価マニュアル――Japanese Adult Reading Test（JART） 新興医学出版社

三澤義一監修, 小林重雄・藤田和弘・前川久男・大六一志編著（1993）：日本版WAIS-R簡易実施法 日本文化科学社

Milner, B. (1993)：Effect of different brain lesions on card sorting. *Arch Neurol*, 9, 90-100.

森悦朗・三谷洋子・山鳥重（1985）：神経疾患患者における日本語版Mini-Mental Stateテストの有用性 神経心理学, 1-2, 82-90.

杉下守弘・山崎久美子（1993）：日本版レーブン色彩マトリックス検査手引き 日本文化科学社

鈴木ビネー研究会（2007）：改訂版鈴木ビネー知能検査法 古市出版

田中教育研究所（2003）：田中ビネー知能検査Ⅴ 理論マニュアル 田研出版

Wechsler, D./ 杉下守弘訳著（2001）：日本版ウェクスラー記憶検査法 日本文化科学社

第4章
心理検査依頼書に基づいた
心理検査の実施②
──カルテを読むとは？

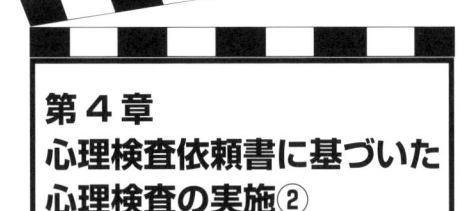

カルテって見るもの？
読むもの？？　新人加藤
さんのカルチャーショッ
クは続く・・・

　さて，ちょっとズッコケ気味の加藤さんですが，渡瀬室長の丁寧な指導によって，第3章の順序1～6にあるような事前確認を，とにもかくにも終わらせました。さて，そのことを渡瀬室長のもとに参上して報告しているようです。加藤さん，大丈夫でしょうか。早速シーンを見てみましょう。

◎シーン9◎

加藤さん：「～ということで，事前確認しました」

渡瀬室長：「まぁ大体だけど，僕の言うことをきいて最低限はやってくれたね。あと，大事なことが残っているけど？」

加藤さん：「わかってますよー。カルテでしょ？」

渡瀬室長：「そう，そう」（軽いノリだな。本当にわかっているのかな……）

加藤さん：「これから行って，カルテを見ておきますよ」

渡瀬室長：「そう。念のためだけど，カルテを読むって，どういうことだか言ってみて」

加藤さん：「えっ？　カルテを見ればいいんですよね？　見れば。"読む"って何すか？？」

渡瀬室長：「……」（やれやれ，また指導の時間が必要か……）

さあ，あなたならどうする？・・・

☀セルフチェック！（自分なりに考えをまとめてみましょう）

Q１．「カルテを読む」とはどういうことなのか，あなたが加藤さんだとして，そのポイントを五つ以上，挙げてみてください。

Q２．第3章に始まる事前確認から本章「カルテを読む」を経て，検査を受ける患者に出会うまでの最重要事項（最後の事項）は何でしょうか？　第2章の流れを参考にして，もう一度よく考えて，第3章の順序6から先を完成させてください。

⇨ 解答は94ページです

Q１・Q２の解説

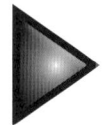

▶ **順序７ ● 事前に閲覧可能であれば，必ずカルテに目を通す**

■１．カルテを読む

　病院では，患者はカルテとともに動くものですから，外来患者の場合，検査の際にカルテを閲覧することは概ね可能でしょう。ただし，病院のシステムによっては，前日にカルテを閲覧できない場合もあるでしょう。また，心理検査の予約時間の前に，診察や他の検査の予約が入っていれば，先にそちらのほうにカルテが回っているのが通常です。他方，受検者が入院患者であれば，事前に病棟に赴いて閲覧させてもらうのは，難しいことではないと思います。

総合病院では，受け持ち医師がグループを組んでいて，そのなかの研修医が入院カルテの記載を入念に行っていることが多く，そうであれば，患者の経過を継時的に読み取ることができるものです（電子カルテであっても，基本的に事前にカルテを読むという原則は変わりません）。

　カルテにはいろいろな情報が満載で，ビギナーのころは，カルテを事前に読む時間が充分にある場合でも，直前にしか見られない状況であっても，どこに注意を焦点づけて読めばいいのか案外とつかみづらいものです。ここでは，以下に一般的なポイントを紹介します。

1）主訴をつかむ

　カルテにはたいてい，初診ないしインテーク用紙がはさまれており，そこには患者自らあるいは同伴した家族がどのようなことで病院を受診したかが，直接的に生の記述の形で残されています。この生の記述から主訴をつかみます。これはどの事例においても重要です。

2）主症状は何か

　主訴を巡ってどのような症状を呈しているのか，それを患者はどのように自覚しているのでしょうか。ここで，必ずしも主症状が，患者の認識している主訴と一致しているとは限らないことを，心得ておく必要があります。たとえば，患者の主訴が「頭が痛い」であり，初診時に幻聴の有無にまつわる問診が行われた記録がカルテにあるような場合です。ここでは，自我障害に基づく幻聴という精神症状を，患者は身体症状として受け止めている可能性がうかがえ，そのような認識自体が患者の病態を示唆しています。ほかにも，非定型うつ病の疑いで産業医から紹介されて受診した患者が，本人が記入する主訴欄には，ただ「産業医の紹介」としか書いていないような形の不一致もあるでしょう。いずれにしろ，そうした不一致自体が，患者の病感や病識の有無や程度をアセスメントする材料となり，事例にアプローチしていくうえでの重要な情報となることが多いです。

3）自発受診か，紹介受診か

自発受診であれば即，治療に対するモチベーションは高い，と断ずることはできません。上記2）で述べた主訴と主症状の一致／不一致が，この点を吟味する手がかりのひとつとなるでしょう。また，一致していたとしても，その症状や問題をどのように本人が受け止めているかという点を，さらに吟味することが大切です。たとえば，自分の問題や症状は，周囲の環境が変わればなくなるととらえている患者もいれば，現在の問題や症状を，自分本来の傾向（たとえばコンプレックスなど）とつなげてとらえて，専門家の支援を求めてくる患者もいるわけで，こうした違いを見極めようとする視点を持つことが重要なのは，論をまたないところでしょう。

紹介受診であれば，どのような経緯で病院の精神科を受診するに至ったのかを，つかんでおきたいところです。これは，受診に際してどの程度モチベーションを持っているのかや，病識の有無とその程度などをうかがい知るうえで，有用な情報となります。たとえば，身体症状によって内科を受診したが，症状を説明できる内科的な所見が認められず，精神的な問題が症状形成に関与していると疑われて，精神科受診を勧められたといった場合，その患者は，自分が精神科を紹介されたことをどのように受け止めているのかという点は，精神科治療の一端を担う心理検査を実施するにおいて，見過ごせないポイントとなります。

なお，紹介受診の場合，他の医療機関の紹介状（診療情報提供書ないし医療情報）がカルテにはさんでありますから，それに必ず目を通します。前医の見立てや前医との治療関係のあり方などを知ることは，今後の治療に際して必須事項です。

4）単独来院か，受診に際して同伴者はいるのか

これも，治療に対するモチベーションにかかわる問題です。また，患者の問題によっては，いわゆるキー・パーソンがいるのかどうかが，治療における重要事項になることがあります。心理検査の結果を，患者本人だけ

第4章 心理検査依頼書に基づいた心理検査の実施②——カルテを読むとは？　　*81*

でなく同伴者も知ることが必要な場合もあるとしたら，そのことへの配慮も重要になってきます。

5）主訴につながる主症状はいつ頃から現れたのか，何か随伴するエピソードがあるか

いわゆる現病歴情報です。心理検査の実施の有無にかかわらず，この点は心理アセスメントの重要事項です。

6）問題となる症状などに対して投薬はなされているか

臨床心理職は薬物療法の専門家となる必要はありませんが，チーム医療の一員として，心理検査や心理療法に影響しやすい薬剤に関する知識は，当然のことながら必要です。また，どのような処方が出されているかによって，医師の見立てをつかむことができます。さらに，薬物療法に対して患者はどのように体験し評価しているか，副作用はあるか，あるとしたらそれに対する処置はどうなされているのか，その処置の結果，心理検査を受ける時点での患者の心身状態はどうなっているのか，といった点も，患者が医師との関係を含めて医療をどのように受け止めているかをうかがう，大事なポイントになります。そもそも抗精神病薬が大量投与されているような場合，薬物療法の影響が心理検査にも確実に反映しますので，心理検査の実施者は，実施時の内服薬を把握するようにします。

7）生育歴，家族歴に関する情報を確認

この点も，心理検査の実施の有無にかかわらず，心理アセスメントの重要事項です。精神科のカルテには，遺伝負因の有無など生物学的な要因に関する確認事項も書かれていますから，どの患者でもチェックが必要です。また，知能検査であれば，教育水準や職歴に関する情報も事前に確認するようにします。

8）検査は治療過程のどの時期に行われるのか

検査目的によって異なりますが，診断補助目的であれば，診察の初期に行われるのが一般的でしょう。外来であれば初診から数えて数回の来院時

の間に行われることが比較的多く，入院では患者が入院生活に慣れた後の数週間以内に実施することが多いと思います。

　また，治療の途中で診断上の疑義が生じたり，治療が行き詰まったりすることで，心理検査の所見を必要とする場合もあるでしょう（**第１章**を参照）。こうした途中での検査実施は治療への影響も大きく，心理検査の実施は，治療全体の流れを充分に考慮したうえで行う必要があります。

　さらに，途中での実施には，退院の時期の決定，治療効果の判定など，評価の資料として使われることがあります。そのような場合，患者がどのような構えや心持ちで検査場面に臨むのか，上述した医師との関係がどのようなものであるかという点を含めて，検査者は事前に充分に思いを馳せておくことが望まれます。

９）以前に心理検査を受検した経験があるか

　あるとすればいつ頃なのか，どこで行われたのか，当院か他院か，それをどのような体験であると患者は評価しているか，といった点です。受検経験があるとすれば，心理検査に対してどのような印象やイメージをあらかじめ持っているかが，今回の心理検査実施に際して重要な情報になることは言うまでもありません。

　そうした点までカルテに書かれていることはないにしても，前に受検した事実があるかどうかを確認できていると，そのことを実際の出会いの場において，検査開始前に扱いやすくなります。治療効果の判定目的を含めた心理検査依頼であれば，当然前回の結果を参照して所見をまとめなければならないでしょう。

　また，以前の心理検査との実施間隔があまり近すぎると適切な比較ができなくなる場合がありますので，実施間隔がどれぐらいなのかは大事なポイントになります。このような点に関する記載がカルテになければ，検査当日，患者に直接確認するようにします（**第２章**を参照）。

10）看護記録があれば，それにも目を通す

　入院患者であれば，看護の視点から，具体的な患者の行動レベルでの特徴など，より詳しい情報が書かれています。外来患者の場合でも，看護師が行うバイタルチェック時の患者の様子などが具体的に記されていれば，診察室外での患者の特徴を知る有用な情報源となります。

■2．得られた情報から検査実施前に仮説を立てる

　受検者となる患者の，上記1）〜10）のような特徴をとらえたうえで，今回実施する心理検査にどのような特徴が結果として現れるかを予測する作業を行います。WAIS-Ⅲのような知能検査であれば，どれほどの知的水準にあることが予測されるか，ディスクレパンシーはみられるかなどをはじめとした量的な特徴だけでなく，各下位検査で示される質的な特徴について予測したうえで臨みます。

　たとえば，被影響性の高さが見込まれる患者が，「積木模様」の赤い斜線をどのように処理するのか，自閉傾向の高い患者であれば，これに何ら惑わされることなく，どの図柄も順序正しく組み合わせていくことが予測されるなどのように，心理学が得意とする仮説検証の精神をここでも稼動します。このような作業を習慣づけていくと，WAIS-Ⅲに限らずそれぞれの心理検査の妙味がわかり，心理アセスメントの仕事がいっそう興味深く，楽しくなること請け合いです（次の**第5章**に，WAIS-Ⅲの臨床的利用に際してのポイントをまとめました）。そして，このことは，臨床心理面接能力の向上と直結します。

　ともあれ，この仮説検証はいわば「客観的な観察」に立脚したポイントではありますが，臨床の営為は「関与しながらの観察（participant observation）」（Sullivan, 1940）に基づくものです。心理検査の結果は，検査者と受検者の相互作用の産物であると上述しましたが，患者の1）〜10）のような背景を"地"としてとらえることができれば，「関与しながらの観察」

のなかで，患者に特異な心理検査の結果が自然に"図"として浮かび上がってくるものです。

■3．保険傷病名の確認と健康保険区分について確認

　たいていカルテの冒頭に，診断名ならびにICD-10のコード名が付されていますが，これは診療保険請求上の傷病名であり，暫定診断としての"疑い"も含まれます。傷病名と諸検査を含む診療行為に矛盾のないような表記になっていますが，この欄だけでも，主治医の診断や治療方針を垣間見ることができます。

　また，大切なのは，患者の利用する健康保険区分についてです。病院の心理室や病棟で臨床業務に忙殺されていると，ご本人の負担する検査料金はいくらになるかについて，案外気にかけなくなってしまうものかもしれません。しかし，検査者として自分が，患者に対して行う検査がいくらかかるものなのかわかっていないというのは，商品の値段を知らない販売員と同じようなものです。

　第2章の表2-2に，2010年4月現在，診療報酬点数として認められている心理検査の一覧があります。たとえば，WAIS-Ⅲを病院で受検した場合，WAIS-Ⅲの保険点数は280点ですから，保険受給者本人で3割負担の場合，窓口で支払う検査料は280×3＝840円となります。また，患者によっては自立支援医療の利用者負担軽減措置を受けており，その場合は原則として医療費の1割負担ですから，窓口で支払う検査料は280円になります。

　さて，松田さんのカルテから読み取れたことを1.の1）〜10）に当てはめると，以下のようになりました。

　1）主訴をつかむ

　精神科初診時のインテーク用紙には，松田さんご自身の書字によって各項目への記述がなされているようでした。字体はしっかりとしており，漢

字の使い方も適切で，こうした点から，松田さんが神経学的な障害を持っていることは考えにくいと思われました。"病院に来た理由"として，「頭が固まった感じでボーっとする，頭痛，ふらつき，多汗，人の話が理解しづらい，思ったことがうまく言えない，またはまったく別のことを言ってしまう。人の話が理解しづらい，作業効率が悪い，落ち込みが激しい，怒りっぽくイライラする，やる気が出ない，今まで楽しかったことが白けた感じがする。以上のことが，家族や人間関係に影響を及ぼしていて心配」などと，記入欄いっぱいにいくつもの訴えが列挙されていました。ご自身が多くの事柄について違和感を強く感じ，困っていることがありありとうかがえます。この記載の仕方の限りでは，思考制止は否定的で，むしろ亢進傾向にあるのかもしれません。

２）主症状は何か

主訴は，自律神経症状としての身体症状や，注意・集中能力の減退，抑うつ気分，意欲低下，興味の喪失，自己評価と自信の低下などといった，ICD-10（WHO, 1992）におけるうつ病の定型的症状と一致するようです。症状記述のレベルで，うつ病が疑われるのも妥当であると思われます。

さらに，今回の依頼目的に直接かかわる"もの忘れ"については，初診時の問診において，「子どもの母親仲間同士の約束を忘れたり，家族と話した内容を覚えていないといったエピソードが増え」とあり，それを自覚し始めた頃から，集中力や意欲の低下が出現し，子どもと遊んだり家事を行うことがしんどくなった由が書かれていました。

このように，"もの忘れ"の自覚が，さまざまな症状の端緒となっているととらえられています。松田さんの"もの忘れ"はいわゆるエピソード記憶に関するものであり，どちらかというと近時記憶にかかわるものであることが推測されます。特に最近の対人状況でのエピソードにおいて，"もの忘れ"が生じているようです。そして，"思ったことがうまく言えない"に関しては，「特に子どもに注意をしたり教えたりするときに自覚し，そのた

めにイライラしてしまい，きつく叱ってしまう。できるだけ冷静になって子どもの気持ちを聞きながら互いに納得できる話し合いをするよう努力しているが，実際にはイライラしてそれができない。子どもに悪影響を及ぼしてしまうようで，それだけは絶対に避けたい」とも訴えられており，さまざまな自覚症状は，子どもや子どもを取り巻くコミュニケーションにおいて，特に強く自覚されやすいことも推測されました。

また，"もの忘れ"に関しては，「料理の手順を間違える」など，手続き記憶に関係すると思われる訴えも見られましたが，これは同時処理の困難を示唆するものとも考えられます。

3）自発受診か，紹介受診か

加藤さんの勤務する総合病院を受診する約半年前に（X年Y－7カ月），松田さんは近隣の脳外科のクリニックを受診していることが書かれていました。ここからは，上記のさまざまな主訴のうち，気分的な面よりも，「人の話が理解しづらい」などといった面を，脳器質的な異常ではないかととらえて，脳外科受診をまず選択したことがうかがえます。能力・精神的な機能の低下に関する違和感の自覚や心配が，より強かったのでしょう。脳外科での診療がどのようなものだったのかについては，詳細はわかりませんでした。

次に松田さんは，加藤さんの勤務する総合病院の，総合内科女性外来をまず受診したことがわかりました。精神科を受診する1カ月前でした（X年Y－1カ月）。松田さんはこの女性外来を，インターネットのサイトで知るに及んだようです。ここから松田さんは，脳外科受診の後に，自覚する一連の症状について自分で調べたうえで，更年期の症状なのではないかと考えたことが推測されます。そこでは，月経は順調であり，自覚する症状のほかには身体的な既往症のないことが確認され，また，SDS（日本版SDS 自己評価式抑うつ性尺度〈Self-rating Depression Scale〉；福田・小林，1983）に回答していました。粗点は55点とうつ病者の標準範囲に位置

しており，カルテにはさんであった回答用紙を見ると，悲哀感，性欲の減退，心悸亢進，疲労，混乱，精神運動性減退，空虚などを強く自覚している一方で，日内変動や不眠，自殺念慮は否定している結果でした。こうした結果を受けて，1カ月後に精神科を紹介受診されることになったようです（X年Y月）。

　精神科受診について，そのとき松田さんがどのように受け止めていたのかに関しては，特に記録はありませんでした。ただし，主訴欄いっぱいに"病院に来た理由"を記していることからは，精神科の患者となることに不満を持っているようにはうかがえませんでした。むしろ，ご自身の変調に対する違和感や困り感がとても強く，それらをどうにかしたいという構えで臨んでいたように推測されました。

　なお，ここで出てきたSDSのような抑うつ症状や状態のチェックリストも，医療場面ではよく実施されています。このようなチェックリスト実施上の留意点は，**詳説A**にまとめてあります。

4）単独来院か，受診に際して同伴者はいるのか

　松田さんは，女性外来，精神神経科，いずれも一人で受診しているようでした。松田さんは主訴のなかで，「以上のことが，家族や人間関係に影響を及ぼしていて心配」と記していましたが，逆に周囲のご家族が松田さんの困っていることについて，どれほど知っているのか，どれほど心配しているのかについては，わかりませんでした。もしかしたら，一人で抱え込んできたのかもしれません。

5）主訴につながる主症状はいつ頃から現れたか，何か随伴するエピソードがあるか

　精神神経科初診時のインテーク用紙には，精神神経科を受診したX年Y月の「1～2年前から」と記されていました。この時期は，その他の欄の記載を併せてみると，ご主人の仕事の関係で3年間海外に在住しておられ，その帰国後の1年間に相当します。また，初診時の佐藤先生の記録に

は，海外に在住した当初から（X－5年ごろ），たとえば「シャンプー」を「シャワー」，「使う」を「作る」などのように，言葉をよく間違えるようになったということも書かれていました。

インテーク用紙の自筆記入欄を見た範囲ではそのようなことは考えにくいものの，念のため「錯語」といった失語症状のひとつである可能性を留意しておきます。どちらかというと，環境の変化が要因となっている可能性のほうが高いでしょうか。

失語症も当然，医療臨床ではよく出会う障害です。失語症やその他の神経心理学的症候を対象とした神経心理学的心理アセスメントも，臨床心理職としての大事な仕事です。この留意点については，**詳説B**にまとめました。

6）問題となる症状などに対して投薬はなされているか

初診時に投与した抗うつ薬（SSRI）は嘔気などの副作用が強く，すぐに別の抗うつ薬（SNRI）に変更され，現在までの約半年間，SNRI単剤による薬物療法を受けていることがカルテの薬歴からわかりました。SNRIを徐々に漸増された後，ここ3カ月ほどは milnacipran100 mg/day で維持されており，大きな副作用は報告されていないようです。なお，頓服薬は処方されていません。精神神経科以外の診療科からの処方もありませんでした。ただし，松田さんは病院からの処方とは別に，市販の頭痛薬を時々内服していると記載にありました。市販の頭痛薬の内容は，カルテからはわかりませんでした。

7）生育歴，家族歴に関する情報を確認

まず，初診時の記録において，遺伝負因についてはご本人が否定されていることがわかりました。また，同じく初診時の記録において，「発育・発達に問題なし」とあり，それ以上の生育歴，家族歴に関する詳細な記述はありませんでした。入院患者であれば，この項目に関して詳しく聴取されていることが多いものですが，時間の制約のある外来では，現症に関する

聴取にとどまることが少なくありません。

　なお，学歴に関しては，高名な4年制大学を卒業とありました。学部や専攻までは記述されていませんでした。職歴は，大卒後ある技術開発職に就き，海外に赴任した経歴もあるようで，結婚退職（X－12年）後は英語指導のボランティアを行っており，学歴・職歴を併せて相当高い教育水準にある方であることがうかがえました。そのような松田さんが，「シャンプー」を「シャワー」と言うなどの言い間違いを自覚されたのであれば，その困惑はとても強いことでしょう。

　同居家族は，3歳年上の夫，12歳の長女，8歳の長男の4人家族です。松田さんの実家は遠方にあり，ご両親は健在，同胞は4歳年上の姉が実家の近くで世帯を持って暮らしているとのことでした。夫の実家については記載がありませんでした。この記載の限りでは，松田さんを取り巻く環境において，松田さんを支えるキー・パーソンの存在を同定することは難しいように思われます。

8）検査は治療過程のどの時期に行われるのか

　初診時にはハミルトンうつ病尺度も用いられたようで，その記録がカルテにありました。抑うつ気分，罪業感，自殺，入眠障害，熟眠障害，早朝睡眠障害，仕事と興味，精神運動抑制，激越，精神的不安，身体についての不安，などからなる21項目版が用いられ（吉邨・岩波，1996），佐藤先生によって評価されたようでした。結果は中等度以上のうつ状態と見なされるものでした。SDSと同様，睡眠障害や自殺念慮はないものの，仕事と興味における能率の減退や，趣味に関する興味喪失に関して，重く評価されていました。

　これらの評価を含め，佐藤先生はまずうつ病との診断を考え，上述のように抗うつ薬の投与を行う薬物療法を行っていました。カルテの薬歴を見ると上記6）のとおりでしたが，約半年を経過したX年Y＋6カ月の時点で，頭痛が軽減したことや，「子どもの親の会合に出たところ，思ったより

話すのが苦痛でなくなった」との評価があるものの，その他の症状に関しては著明な改善がなく，そこで佐藤先生は健忘症（amnesia）との鑑別が必要と考え，心理検査（WAIS-Ⅲ）の依頼を決定したことが読み取れました。また同時に，あらためて MRI もオーダーされています。

　つまり，松田さんがこの5年あまり違和感を強く持ってきたさまざまな症状は，脳器質的な問題，更年期の問題，うつ病，いずれの面からも明確に説明できないものとして経過しており，このことを松田さんはどのように受け止めているかが，大いに気になるところです。

9）以前に心理検査を受検した経験があるか

　カルテにはうつ病のアセスメントに関して，SDS とハミルトンうつ病尺度の実施記録がありましたが，これまで，臨床心理職による心理検査の受検歴はないようです。今回，松田さんはどのような思いで心理検査に臨むことになるのでしょうか。

10）看護記録があれば，それにも目を通す

　松田さんの外来カルテには，看護記録はありませんでした。これまで，当院において看護師とのかかわりはあったとしても，治療に深く関与するものではなかったことが推測されます。

＊　　＊　　＊

　以上より，検査実施前の仮説としては次のようなことが考えられます。

　松田さんの元来の知的能力は相当に高く，また，そうした能力を活かした職に就き，社会適応を果たしてきた方であり，現在は家庭の主婦として，母親としての役割をこなす，社会的なポジションを得ていることもうかがえました。現在のところ，ご自身が訴えるさまざまな症状を説明できる器質的，生物学的な要因については明らかでなく，外国への移住と帰国といった環境の変化が何らかの関与をしていることが推測されるものの，この時点で得られている情報の限りでは，それ以上はっきりしません。

　また，これまでの検査ではうつ病を強く疑わせる所見が示されたもの

の，抗うつ薬の効果ははっきりせず，症状は遷延化しているようです。さらに，症状に対する違和感はかなり強く，それを一人で抱え込み，とらわれている状況に置かれていることも推測されます。

　なお，今回のWAIS-Ⅲの依頼目的に直接かかわる「もの忘れ」をめぐっては，海外に在住していた時期（X－5年頃）から言葉をよく間違えるようになったのを端緒に，対人関係，それも子どもや，子どもにかかわる人とのコミュニケーションにおいて，「もの忘れ」を自覚することが多くなったようでした。ここからは，環境の変化に対する困惑が言葉の言い間違いとしてまず現れたものの，母親としての役割意識の高さから，そうした困惑を自分の体験として認められず，むしろきちんと役割を遂行しなければならない強迫にいっそう駆られることとなり，それがさらに子どもにかかわる人とのコミュニケーションに特異的な「もの忘れ」を招いたと考えられるかもしれません。ともあれ，子どもの年齢を考えると，松田さんの場合，育児不安というより，子どもの教育に関する不安というほうが妥当であるようです。「子どもに悪影響を及ぼしてしまうようで，それは絶対に避けたい」との陳述からは，何事にも完全を期するといった，松田さんのパーソナリティ特徴の片鱗がうかがえるようです。

　このように考えると，包括的な神経心理学的心理検査として今回実施されることになったWAIS-Ⅲでは，言語能力や思考・判断能力といった，一連の神経心理学的な障害の存在を否定する結果が示されるであろうと推測されます。そのために，WAIS-Ⅲの回答に錯語のような回答が含まれるかどうか，言語反応を正確に注意深く聴き取ることがより肝要となります。この点は，同日併せて受けることになるMRIのような画像検査の側面からも，ある程度確かめられるでしょう。

　しかし，ここまでのところ，むしろ松田さんのパーソナリティ特徴に基づく非知的要因が，回答全般に反映される可能性が予測されます。具体的には，完全主義的傾向や緊張感や状態不安の高さ，それに伴う同時処理過

程の停滞などが，下位検査の評価点のばらつきや回答の質的特徴，課題への取り組み方などの面でどのように現れるか，そのことを念頭に置きながら検査者は検査に臨みたいところです。

▶ 順序8 • 以上をふまえて，松田さんとの出会い方をシミュレーション！（最重要事項）

　渡瀬室長に声をかけられるまでの加藤さんは，WAIS-Ⅲという検査道具のことしか頭になく，認識レベルで「見当識」や「意識」などの機能面を軽く注意する程度で，これから出会う松田さんのことについては，まったくと言っていいほど考えていなかったようです。

　検査を受ける人，もとより病院を受診する人は，喜び勇んで病院を訪れるわけではなく，さまざまな思いを抱いて，ある日決断して来院されます。病院スタッフとしての臨床心理職は，患者がさまざまな心の動揺を抱えて検査室を訪れ，検査者の目の前に立つのだということを自覚し，患者の心の動揺に共感できる必要があります。このことが検査場面での出会いに際しての重要な心構えです。

　そしてまた，共感といっても，検査者は患者の感情に共揺れすることなく，患者と出会い，患者の話を聴きながら受検に際する患者の不安を鎮め，受検の目的を説明し，同意を得られなければ（**第2章を参照**），検査を実施する段階に移ることができません。

　さて，松田さんの場合，ご自身の症状に違和感を強く寄せ，それにこだわり，人に及ぼす影響を恐れて早く症状を消退させることを念じて，そのための努力を少しも惜しまない人である，といったイメージが浮かんできます。もしそのとおりであれば，検査を受検することにも積極的であることが予測されます。ただし，抑うつ症状があるわけですから，それに即した配慮が必要です。つまり，長い所要時間を持ちこたえられるか，パ

フォーマンスによっては自責的な反応を強めるのではないか，などの点についてです。申込票を受け取った時点からの懸念事項である「1回で行えるかどうか」については，「子どもの親の会合に出」られる程度と思えばその心配は少ないかもしれませんが，親としての役割意識を高く持っていることが推測される松田さんですから，カルテを見ても依然その懸念は消えません。この点は，出会いのときに吟味することになるでしょう。

　いずれにしろ，一つの側面による一つのイメージに凝り固まらず，さまざまな側面を可能性としてシミュレーションしておくことが大切です。そうでないと，シミュレーションした単一の内容が先入観となって，実際のご本人との出会いに開かれる余地を，狭めてしまうことになってしまいます。

　さらに，当日は，後にMRIという大掛かりな検査を受ける予定になっているのですから，松田さんにとって明日という日は，どれほどの意味を持つ一日になるのでしょうか。睡眠障害は自覚されていませんが，前夜は充分に眠れるでしょうか。

　何よりも，松田さんがこれまでご自身の症状に違和感を強く寄せ，人に及ぼす影響を恐れ，症状を改善するための努力を惜しまず，独力で治療機関を調べ，単独で受診行動をとってきたことへ，人としての敬意を持って松田さんと出会うことが肝要です。そして，長らく症状を遷延していることで，治療や病院に対して複雑な思いを抱いていたとしても無理のないことであるとの認識を持って，病院スタッフの一員である臨床心理職として松田さんと出会う準備を行うことが大切です。

【Q1の解答】

ポイントは以下の10個です。

1) 主訴をつかむ。
2) 主症状は何か。
3) 自発受診か,紹介受診か。
4) 単独来院か,受診に際して同伴者はいるのか。
5) 主訴につながる主症状はいつ頃から現れたか,何か随伴するエピソードがあるか。
6) 問題となる症状などに対して投薬はなされているか。
7) 生育歴,家族歴に関する情報を確認。
8) 検査は治療過程のどの時期に行われるのか。
9) 以前に心理検査を受検した経験があるか。
10) 看護記録があれば,それにも目を通す。

【Q2の解答】(第3章の順序1～6に本章の順序7と8を加えて完成版)

順序7　事前に閲覧可能であれば,必ずカルテに目を通す。
順序8　以上をふまえて,松田さんとの出会い方をシミュレーション!(最重要事項)

詳説 A　抑うつ評定尺度の実施をめぐって

　SDS（Zung Self-rating Depression Scale）は，医療臨床では，短時間で回答できるといった実利性によって，診断補助のスクリーニング目的や，状態の改善度の一指標とするなど，治療過程の評価目的で用いられることが多い抑うつ症状の自己記入式評価尺度です。20項目の質問から構成されており，これらの項目はうつ症状の因子分析的研究に基づいて抽出されたもので，それらによって，抑うつの主感情（「憂うつ・悲哀」「啼泣」），生理的随伴症状（「睡眠」「食欲」「性欲」「心悸亢進」），心理的随伴症状（「精神運動性減退」「精神運動性興奮」「希望のなさ」「自殺念慮」）を評価することができます。

　回答は4段階評定式をとっており，点数は20〜80点の範囲で，点数が高いほど抑うつ性が強いことになります。日本版は1983年に出版され（日本版SDS自己評価式抑うつ尺度），その信頼性や妥当性も確認されています。日本版の判定基準は，40点未満が「抑うつ性に乏しい」，40点台が「軽度抑うつ性あり」，50点以上が「中等度以上の抑うつ」と判定されます。

　しかし，このような便宜性・実用性の高いものであっても，言うまでもなくこのSDS単独で抑うつの診断が可能となるわけではなく，あくまでも状態の程度や，20項目のうちどのような抑うつ因子に自覚的であるかといった質をうかがうための，補助的な手段として用いられるべきものです。ましてやSDSで，内因性のうつ病と非定型的なうつ病を鑑別できるものでもありません。

　加えて，臨床マナーに基づいて患者に実施されるべきである，ということも当然のことです。SDSの質問項目の特徴として，「気が沈んで憂うつだ」など，短く端的な文章で状態を評定させる形となっています。自分の何を問われているかが明確でわかりやすい点で，答える者に安心感を与える側面がありますが，同時に

それは，単刀直入に患者に抑うつの状態の自覚の有無や，程度を尋ねているということでもあります。抑うつ状態にある患者の場合，制止症状などによって，回答のための判断それ自体が難しいことがありえます。臨床心理職としては当然，このような点に対する配慮をもって患者に実施するべきでしょう。

できれば，こういったチェックリストであっても，他の心理検査と同様に検査者が患者に立ち会い，患者が特定の項目において回答のための判断に逡巡することがあるかどうかなどを見守りながら，実施したいものです。

たとえ，外来の待合で，診察待ち時間に患者に手渡して回答をうながす，といった形をとらざるを得ないとしても，回答済みのSDSをただ受け取るのでなく，未記入の項目はあるかどうかを確認し，回答に困った項目はあったかなどについて触れておく必要があるでしょう。

たとえば，19番の自殺念慮の項目を未記入のままで返却してきた場合は，特に注意を要します。これに4点（「ほとんどいつもそうだ」）と回答した場合よりも，未記入の場合のほうがはるかに要注意です。実験心理学においては単なる欠損データとなりがちのものが，臨床心理場面では対象者からの非常に重要なメッセージであることを，いつも忘れないでいてください。

いずれにしろ，このようなチェックリストは，単に抑うつの包括的な重症度の目安を提供するものであっても，そうした量的な面だけでなく，特定の項目の内容に注意を払うことが重要になります。そのため，回答させて，得点を確認して，はい終わり，とならないようにする配慮がとても重要です。

なお，こうした抑うつ状態のチェックリストとしてはほかに，日本版BDI-Ⅱベック抑うつ質問票や，CES-D Scale うつ病（抑うつ状態）自己評価尺度（日本版）などがあります。

このうちの日本版BDI-Ⅱは，認知療法で高名なBeckの開発による原版の翻訳版ですが，原版との等価性が確認されていることから，国際的な比較も可能となっています。21の質問項目は，DSM-Ⅳの診断基準に基づいて選定されており，これらを4件法で回答させるものです。

この日本版 BDI-Ⅱ の, 9 番目の希死念慮にかかわる項目への回答や, 20 番目の身体化症状にかかわる項目への回答には, 特に注意を喚起しています。9 番目の項目に関しては,「絶望を感じたとしても, その状態を治そうとするべきであって, 死ぬことによって逃れようとするべきではありません。自殺したいという気持ちは, 病気の結果による破壊的な妄想であって, 事実ではないのです。絶望感は決して真実ではありえないのです」といった説明がなされています。こうした注意は, 極めて臨床的といえるでしょう。

詳説 B　神経心理学的心理アセスメントの留意点

　医療臨床では，神経心理学的アセスメントや，その一環としての神経心理学的心理検査の実施も，臨床心理職としての大事な仕事です。医療臨床場面でよく出会う疾患は，脳血管性障害，脳腫瘍，頭部外傷をはじめとする各種神経疾患であり，いわゆる高次脳機能障害が重要な部分を占めています。

　MRI や SPECT，PET などの画像診断が今日のように発達する以前は，神経心理学的心理検査の主たる目的は，もっぱら脳損傷の有無についての判定をすることでした。しかし今日，器質脳損傷の検出検査としての役割は薄れてきました。その代わり，神経心理学的心理検査を実施することで，その疾患が患者の高次脳機能にどのような変化を及ぼしているかに関する詳細かつ体系的な把握ができ，それによって疾患の進行や回復を理解するために実施されることが多くなっています。

　また，神経心理学的心理検査は，脳外科手術や薬物療法などの治療方法を評価する際にも重要な位置にあります。さらに，臨床場面において最も重要な役割として，神経疾患に由来する患者の障害に対するリハビリテーションへの寄与があります。患者の障害の全体像を正しく理解しなければ，効果的なリハビリテーション計画と実施は不可能です。この点において，神経心理学的心理検査は非常に有用です。

　以下に，神経心理学的心理アセスメントの対象となる主な症状を挙げます。

1．失語 (aphasia)

　脳の器質的病変による後天的な言語の表出ないし了解の障害を，「失語症」と呼びます。感覚器官（耳，眼），構音器官などの末梢性の障害によるものや，全般性知能低下，情動障害，発動性低下などの精神症状によるものは除外します。

　失語症のタイプの代表例として

は,「ブローカ（Broca）失語」（自発言語の障害が強い。発語は非流暢で復唱も障害されるが,言語理解は比較的良好に保たれる),「ウェルニッケ（Wernicke）失語」（自発語は流暢で,文意不明の言葉が大量に産出される。そのなかには錯語が含まれる。保続も多い）があります。そのほか,「超皮質性運動性失語」「超皮質性感覚性失語」「伝導性失語」などがあります（図4-1を参照）。

2．失読 (alexia)・失書 (agraphia)

後天的な脳の機能障害により出現する文字言語,すなわち読み書きの障害を「失読」や「失書」と呼びます。失語症では通常,読み書きにも障害を来たし,失語症で出現してくる読み書きの障害は,「失語性失読」や「失語性失書」といいます。基本症状は,音読や読解の障害であり,自発書字と書き取りはともに障害されますが,通常,写字は保たれています。

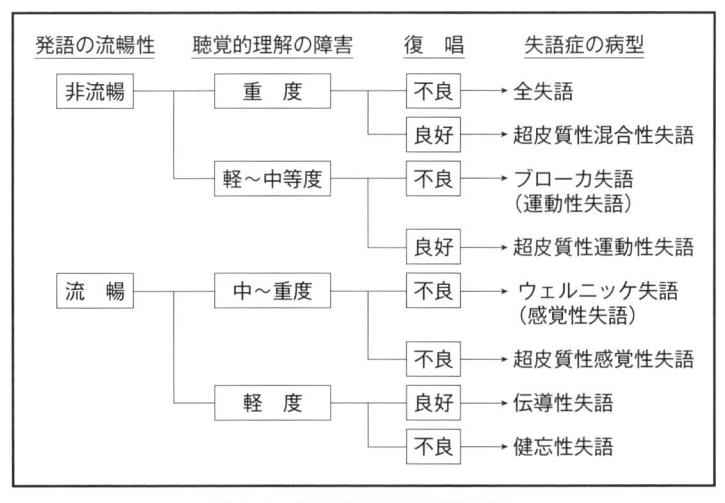

発語の流暢性	聴覚的理解の障害	復唱	失語症の病型
非流暢	重度	不良	全失語
		良好	超皮質性混合性失語
	軽～中等度	不良	ブローカ失語（運動性失語）
		良好	超皮質性運動性失語
流暢	中～重度	不良	ウェルニッケ失語（感覚性失語）
		不良	超皮質性感覚性失語
	軽度	良好	伝導性失語
		不良	健忘性失語

図4-1　失語症の病型診断の流れ

（田川晧一〈2004〉：神経心理症候学概論　田川晧一編集　神経心理学評価ハンドブック　西村書店　pp.12-27.）

3．失行 (apraxia)

　脳の器質的病変による，行為，すなわち意図や意味を有する意思的な運動の後天的な障害を指します。運動障害（運動麻痺，失調など）や，了解や対象の認知に特別な問題がないにもかかわらず，意味のある動作や，物品の使用ができない状態などが見られます。

4．失認 (agnosia)

　脳の器質的病変により，後天的に特定の感覚様式を介する対象の認知ができなくなった状態を指します。ある感覚を介して対象物を見ることができない障害です。運動・感覚障害によるものや，精神症状（粗大な知能低下，意識障害，情動障害，発動性低下）によるもの，他の高次脳機能障害（失語，失行など）によるものは除外します。

5．その他

　記憶，注意，意識，知的機能（遂行，推論など），そのほかのあらゆる高次神経精神機能の症状を指します。

6．失語のアセスメント用の検査

　上記1～5のうち，失語を中心とした神経心理学的症状の重症度や，症状の特徴を体系的にアセスメントするための検査に，SLTA（Standard Language Test of Aphasia）標準失語症検査（日本高次脳機能障害学会，1975）があります。この検査の問題は，「聞く」「書く」「読む」「話す」の四つのモダリティーがそれぞれどの程度障害されているかについて，量的，質的に分析できるように作られています。言語指示によって物品の操作を求める課題や，計算問題も含まれていることから，「失行」や「失算」の査定もできます。リハビリテーション科のある病院においては，臨床心理職も実施することになる検査のひとつです。他に市販されている失語症検査としては，WAB（The Western Aphasia Battery）失語症検査日本版（WAB失語症検査（日本語版）作製委員会，1986）があります。

　なお，失語症をはじめとした神経心理学的症状は，いずれも後天的な障害であり，それはとりもなおさず

元々獲得していた何らかの機能を喪（うしな）うということです。実施に際し，受検する患者は，そうした対象喪失を今まさに体験していることを配慮して臨む必要があるのは言うまでもありません。そのためにこそ，インフォームド・コンセントの過程が重要となるわけですが，心理検査の実施場面においても，手続きに従って客観的に評価することと，課題への取り組みを通して喪失体験に直面している患者の状況に配慮することは，決して矛盾することではありません。

【第4章の文献】

福田一彦・小林重雄（1983）：日本版 SDS 自己評価式抑うつ性尺度　使用手引　三京房

小嶋雅代・古川壽亮（2003）：日本版 BDI-Ⅱ　日本文化科学社

日本高次脳機能障害学会（1975）：標準失語症検査マニュアル　新興医学出版社

島　悟（1998）：CES-D 使用の手引　千葉テストセンター

Sullivan, H. S.（1940）: *Conceptions of modern psychiatry.*（中井久夫・山口隆訳〈1982〉：現代精神医学の概念　みすず書房）

田川皓一（2004）：神経心理症候学概論　田川皓一編集　神経心理学評価ハンドブック　西村書店　pp.12-27.

The World Health Organization（1992）: *The ICD-10 Classification of Mental and Behavioural Disorders : Clinical descriptions and diagnostic guidelines.*（融　道男・中根允文・小見山実 監訳〈1993〉：ICD-10 精神および行動の障害――臨床記述と診断ガイドライン　医学書院）

WAB 失語症検査（日本語版）作製委員会（1986）：WAB 失語症検査（日本語版）　医学書院

吉邨善孝・岩波　明（1996）：精神神経症状の客観的評価　医師用症状評価尺度――気分障害　臨床精神医学，増刊号，31-40.

第5章
検査実施法「熟知」への第一歩
――WAIS-Ⅲを例として

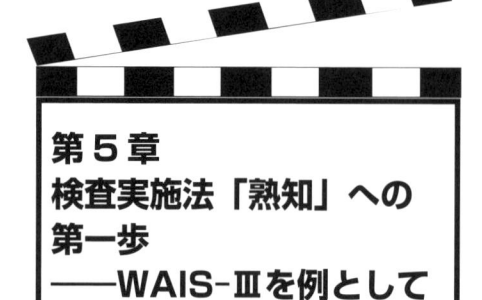

> そもそも「検査実施法を熟知している」とは，どういうこと？

　渡瀬室長の考えられないほど辛抱強い指導によって，加藤さんは，患者の松田直子さんに心理検査を実施するための事前確認をすべて終わらせることができたようです。加藤さん，なんて運が良いのでしょう。持つべきものは良い指導者です。

　ところで，第3章と第4章では，「検査実施法を熟知しているのは当然のこと。そこから先は？」という課題に取り組みました。しかし，考えてみれば，「検査実施法を熟知している」とは，どういうことなのでしょうか。早速シーンを見てみましょう。

◎シーン10◎

加藤さん：「カルテ，読み終わりました」（もう，心理検査ひとつでえらくしんどいなぁ！）

渡瀬室長：「よくやったね。これで松田さんに会えるね」

加藤さん：「そうっすね」（やった！　褒められた）

渡瀬室長：「WAISの実施そのものは大丈夫かな？」

加藤さん：「院生のときに病院で2回やりましたから，大丈夫っす」

渡瀬室長：「そう。いまのうちに何か質問はある？」

加藤さん：「大丈夫っす。オーケーっす！」

第5章　検査実施法「熟知」への第一歩——WAIS-Ⅲを例として　103

> 渡瀬室長：「……」(もしかして，また……。オレは自分の仕事にいつ取りかかれるの？？)

さあ，あなたならどうする？・・・

☀セルフチェック！（自分なりに考えをまとめてみましょう）

Q1．「熟知」への第一歩として，心理検査（この場合はWAIS-Ⅲ）を実施する前に，学習しておくべきことは何でしょうか？　「マニュアルを見直すこと」といった簡単な答えは除外して考えてみてください。

Q2．実際にWAIS-Ⅲを実施している場面を想定して，実施中に実際の行動として大切なことを挙げてみてください。その際，これまでの第1章～第3章で学んだものはできるだけ除いてください。何か残るでしょうか？

⇨ **解答は 121 ページです**

Q1・Q2の解説

　第3章のシーン8において，心理検査実施前日の加藤さんは，事前にWAIS-Ⅲの問題を暗記することに傾注しているようでした。これは当然必要なことです。しかし，なぜそれが必要なのか，はたして加藤さんは充分理解していたでしょうか。

　WAIS-Ⅲは標準化された心理検査ですから，結果は数値化されて示されます。粗点から評価点に換算され，評価点をもとにIQならびに群指数が示されます。さらに，四つの群指数の差，言語性IQと動作性IQの間のディスクレパンシー（discrepancy），各下位検査の評価点分布などの個人内差を検討します。これは解釈のための大事なステップです。しかし，それだけではありません。受検者個人が，課題全般ないしそれぞれの下位検

査に対してどのような取り組みを示したか，よく観察しながら実施することが必要です。ともすれば，そのような相手の観察を行わず，手元のマニュアルや記録用紙にばかりに目を向け，各問に対する受検者の回答が正答か誤答か，はたまた0点か1点か2点かといった結果だけで済ませてしまうビギナーがいます。誤答であればどのような誤答なのか，制限時間すれすれで完成に至らなかった結果としての誤答なのか，容易に取り組みを諦めての誤答なのか，その違いによって意味合いも大きく異なります。

　言語性課題においても，同じ2点の回答であっても，端的に回答された2点なのか，迂遠な回答傾向を伴う2点なのか，ある問いに限って受検者に特異的な言語表現をする場合もあるかもしれません。それらは，数値だけではわからない受検者の特徴を示すものといえるでしょう。

　次に，WAIS-Ⅲの臨床的利用に関するポイントをまとめますが，これは心理検査を「熟知する」ということが，どのようなことかを示すための例であり，「熟知」への第一歩にすぎません。いずれにしても，受検者がどのような課題解決の特徴を持っているのかを理解するために，充分な観察を行わなければなりません。そして，そのような観察を行うためには，実施する心理検査が持つ先験的な特質を把握しておく必要があるのです。検査は患者理解のためのツールであり，その道具の性質を充分心得たうえで観察が可能になります。

　土川（1998）は，ロールシャッハ法の検査構造に関して，「課題状況」と「対人状況」という言葉を用いて記述しています。「課題状況」とは，各課題やそのための道具と受検者から構成される状況要素であり，「対人状況」とは，受検者と検査者から構成される状況要素です。ここで述べてきたことは，WAIS-Ⅲの「課題状況」に即した患者理解のポイントということになるでしょう。この「課題状況」を「構造的（structured）-非構造的（unstructured）」という軸でみれば（Schafer, 1954），知能検査であるこのWAIS-Ⅲは最も構造的であるといえます。すなわち，受検者は何を検査

されているのかが明確にわかっており，また検査の課題も検査者の教示も明確です。したがって，受検者は日常的，現実的な思考や判断を活用し，正確に必要事項に焦点を合わせて回答に向かうことが求められます(馬場, 2006)。

またもう一つの，「対人状況」に関しては，WAIS-Ⅲは個別式の心理検査であり，検査者と受検者が課題を介して交流する，対人関係的要素を含む検査構造を備えています。検査は，知的な課題を介して検査者と受検者の対人的相互作用によって行われるため，たとえば受検者の評価不安やそれにまつわる劣等感が刺激されると，能力を測定する存在としての検査者はそうした受検者の不安の投影を受けて，いわゆる超自我的な対象と体験される場合があると考えられます。先に，検査結果は検査者-受検者の相互作用の産物と述べた所以がここにあります。

このように，実施する検査の「課題状況」と「対人状況」の特徴をふまえて，患者理解のツールとしての検査を行うことが大切なのであり，検査マニュアルに書かれていることを遵守することで充分として実施しているようなレベルは，臨床行為とは到底いえません。

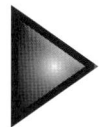

▶ point1 ● WAIS-Ⅲの臨床的利用について

■1．医療臨床におけるWAIS-Ⅲの位置づけ

第3章の患者（松田さん）の場合，依頼目的に鑑みて，単に知的機能をアセスメントする目的ではなく，包括的な神経心理学的心理検査バッテリーのひとつとして，WAIS-Ⅲが依頼されました。WAIS-Ⅲはもちろん知能検査です。ただし臨床場面では，どのような目的で実施されるかによって，このWAIS-Ⅲの位置づけが異なってきます。たとえば，**第1章の詳説A**で述べられているように，「障害年金の申請などの際，知的障害がある

方で，心理検査の具体的数値等が必要になる場合」であれば，これは知能水準の評価のために知能検査を実施するということになります。これには異論の余地がないでしょう。しかし，臨床場面における知能検査の実施は，その目的ばかりではありません。むしろ，純粋な知能水準評価のために知能検査が実施されるケースは，全体的に見ればわずかにすぎません。

　松田さんのケースのように認知症の鑑別目的で行われるのであれば，いわゆる神経心理学的アセスメントの一環としての知能検査という位置づけであり，その場合，知能評価ではなく高次脳機能評価ということになります。ほかに，たとえば発達障害の鑑別目的であれば，認知－情報処理過程の特徴をつかむための知能検査となります。

　さらに，医療場面では，パーソナリティ検査と併せて知能検査が実施されることがしばしばあります。そこでは現実適応の特徴をアセスメントするための知能検査であり，それとパーソナリティ検査，特に投映法を組み合わせて実施することで，いわゆる検査構造の異なる検査間での結果の現れ方を照合することが，患者の病態水準をアセスメントするうえで，有用な情報をもたらすものとなりえます。これらの点をまとめると，次のようになります。

●**知能検査の実施目的**
①知能測定目的
②高次脳機能アセスメント目的
③認知・情報処理過程をアセスメントする目的
④現実適応の特徴をアセスメントする目的
⑤病態水準のアセスメント目的
⑥統合失調症などによる自我障害の程度をアセスメントする目的

　どのような目的で知能検査を実施するのか，その目的によって知能検査

の位置づけが異なるということを認識して実際に臨むのと，そのような認識を持たずにただ知能検査を実施するのとでは，実際に意味合いが大きく異なってきます。

昨今は特に，③「認知・情報処理過程をアセスメントする目的」で行われることが増えてきています。WISC-ⅢやWAIS-Ⅲは，それまでのWISC-RやWAIS-Rにはなかった四つの群指数が因子分析結果から導入されたことにより，学習にとって重要な，認知における媒介因子とされる「作動記憶（working memory）」（WISC-Ⅲでは「注意記憶〈Freedom from Distractibility〉」）のアセスメントが可能であることなどが，明瞭に謳われています。ここからは，知能を認知・情報処理過程として再モデル化する動きが見て取れ，よりいっそう発達障害・学習障害の診断やその個別支援に有効な心理検査であると目されて，実施されるようになっています（上野ら，2005）。

なお，子どもの発達・教育支援では，検査バッテリーとして，ITPA，K-ABC心理アセスメント・バッテリー，DN-CASなどを，ケースに応じて組み合わせて実施されることも増えています。**詳説A**でこれらの検査の概要を紹介します。

④の「現実適応の特徴をアセスメントする目的」に関しては，Wechsler（1958）は，知能を次のように定義しています。「Intelligence, operationally defined, is the aggregate or global capacity of the individual to act purposefully, to think rationally and to deal effectively with his environment.」（著者訳：知能を操作的に定義すると，その個人が，目的を持って行動し，道理にかなった考えをし，自分の環境を効果的に扱っていくための，統合的・全体的な能力のことである）。これを読むと伝わってくるように，知能を単一の能力ではなく，いくつかの異なる能力の総体と定義しており，換言すれば，知能をパーソナリティなども含んだ全体の適応能力ととらえて，いわゆる非知的要因も重視されていることがうかがえます

(Wechsler, 1975)。実際，パーソナリティと能力を完全に切り離して測定することはできませんし，臨床場面においては，実験心理学とは違って，そうする必要があるのかどうかという前提（臨床場面の現実）があります。

次に，Rapaport（1945）は，「知能テストにおける知覚，記憶，視覚と運動の協応といった心理学的な機能は，人間の適応に重要な役割を演じるものであり，一般にWAISは欲動からの自律性を明かしてくれる」と述べています。つまり，パーソナリティを自我機能ととらえる立場から，WAISが測定するのは自我心理学的にいうところの個人の自律的な自我機能であり，それはすなわち情緒性を排した明確な枠組み，現実的な課題における適応能力の特徴である，ということになります。

実際，治療過程で「患者の社会復帰の時期や職業選択の判断の参考にしたい場合」や，「患者の知的能力が実際にはかなり低いにもかかわらず，家族や周囲が過大な期待をかけ，そのため患者に過度な負担がかかっている場合」，ある程度客観的な数字を示すことにより，家族や周囲に納得してもらうことが，患者に不要な負担をかけないために役立つこともあります。いずれの場合も，知的能力がどのように低下しているかだけではなく，どのような能力が残されているか，それを積極的に利用するにはどのようにしたらよいかについても示唆を得たい目的で，医師から依頼され，実施されることも少なくありません（成田, 1987）。

さらに，⑤「病態水準のアセスメント目的」に関しては，上述のように，構造化された検査と，構造化のゆるい検査とに大別され，前者の典型に知能検査が，後者の典型に投映法が挙げられています。このような検査バッテリーを組んで各検査所見を統合的に解釈していく過程で，各検査上に推測される内界の力動や自我水準，自己および対象表象などの所見を統合して判定を行うと，特に精神内界の統合が悪く，発達の未成熟なパーソナリティ障害のクライエントなどは，各検査に投映する自我の水準や内的世界の様相に一貫性のない不一致が非常に大きく現れ，そのこと自体が病理の

特徴を反映するものととらえられることになります（餅田ら，1990）。

　具体的な例として，WAIS-Ⅲでは，欲動や葛藤からの自律性を保ち，認知の歪曲や思考の逸脱などを示すことなく客観的な回答を保持できる受検者が，ロールシャッハ法では，欲動に色づけられた一次過程思考や対象分裂を示唆する指標を前景に示すといったように，検査間の著しい相違をあらわにする場合，そこに受検者の病理特徴である分裂（splitting）を基盤とした原始的防衛機制の存在，すなわち，パーソナリティ障害を推測することができるようになります。

　このように，病態水準のアセスメントにおいて，思考や認知の基本的障害の有無やその程度をうかがい知ることが，受検者の病態のアセスメントの重要な資料となるので，心理検査を実施する場合には，検査バッテリーのひとつとしてWAIS-Ⅲが位置づけられています。その際，次のような大まかな枠組みを念頭に置いておくとよいでしょう。

(1) 神経症水準（Neurotic Personality Organization：NPO）であれば，WAIS-Ⅲにおいても，特にロールシャッハ法のような投映法においても，欲動や葛藤の影響を受けない二次過程思考は保持されます。

(2) 境界水準（Borderline Personality Organization：BPO）であれば，WAIS-Ⅲに二次過程思考は保持され，認知の障害も認めないが，ロールシャッハ法では一次過程思考を露呈することが少なくありません。

(3) 精神病水準（Psychotic Personality Organization：PPO）では，WAIS-Ⅲ・ロールシャッハ法のいずれにおいても，一次過程思考や認知の障害を露呈します（**表5-1**）。

　このような点から，特に医療場面では，病態水準の鑑別目的による心理

表5-1 病態水準のアセスメントにおけるWAIS-Ⅲとロールシャッハ法の位置づけ

	WAIS-Ⅲ	ロールシャッハ法
神経症的パーソナリティ構造（NPO）	二次過程思考○	二次過程思考○
境界パーソナリティ構造（BPO）	二次過程思考○ ←不一致→	二次過程思考×
精神病的パーソナリティ構造（PPO）	二次過程思考×	二次過程思考×

検査バッテリーのひとつとして，WAIS-Ⅲが実施されています。

　繰り返しますが，検査はあくまでも患者理解のためのツールです。どのような観点からWAIS-Ⅲというツールを用いて患者を理解しようとするのか，この点を認識しておくことは，検査実施に際して検査者が検査目的をどのように伝えるかということに直接かかわってきますし，実施上の的確な観察ポイントや検査報告書の書き方にも影響してくるものです。それが，先に「目的によって知能検査の位置づけが異なるということを認識して実際に臨むのと，そのような認識を持たずにただ知能検査を実施するのとでは，実際に意味合いが大きく異なってくる」と述べた所以です。

■2．WAIS-Ⅲの解釈手順と実際的な留意点

　以下に，基本的な解釈手順を山中（2009）を参考に示しますが，その前に少なくとも一度は，理論マニュアルを最初から最後まで読んでください。実施・採点マニュアルしか読んでいないビギナーや，理論マニュアルを斜め読みしているビギナーは少なくありませんが，これが自分にとってどんなに大きな損失になるのかに気づいたときは中堅だった……では，シャレになりません。

● WAIS-Ⅲの基本的な解釈手順
　ステップⅠ：全検査IQによる全体的知的水準の把握

第5章　検査実施法「熟知」への第一歩——WAIS-Ⅲを例として　*111*

> ステップⅡ：指数（群指数，言語性IQ/動作性IQ）による分析
> ステップⅢ：複数の下位検査で共有される能力および影響因による解釈（プロフィール分析）
> ステップⅣ：各下位検査に固有の能力および影響因による解釈
> ステップⅤ：符号と数唱の精査

1）ステップⅠ：全検査IQによる全体的知的水準の把握

（1） 全検査IQ

受検者の全体的知的水準を示す指標です。

表5-2の知能指数の分類はまだしも，**図5-1**が示すような知能指数の分布は，案外忘れられがちになっていないでしょうか。つまり，たとえばIQ = 88だとすると，平均の100よりも12劣っているという直線的な値のとらえ方は，臨床に益をもたらしません。かえって検査結果の誤用につながる場合さえあります。WAIS-Ⅲでの普通レベルは，**表5-2**のように，「平均」「平均の上」「平均の下」を合わせた全体の82.2％が相当します。つまり，IQ80〜119までが全体の約8割ですから，IQ88はそれこそ"普通"です。

WAIS-Ⅲでは偏差知能指数が用いられており，そのことで受検者間の比較が可能となります。得点に対する累積度数曲線を定義して，この曲線

表5-2　ウェクスラー式知能検査による知能指数の出現頻度

知能指数（IQ）	出現頻度（％）	分類
130以上	2.2	特に高い
120〜129	6.7	高い
110〜119	16.1	平均の上
90〜109	50.0	平均
80〜89	16.1	平均の下
70〜79	6.7	境界線
69以下	2.2	特に低い

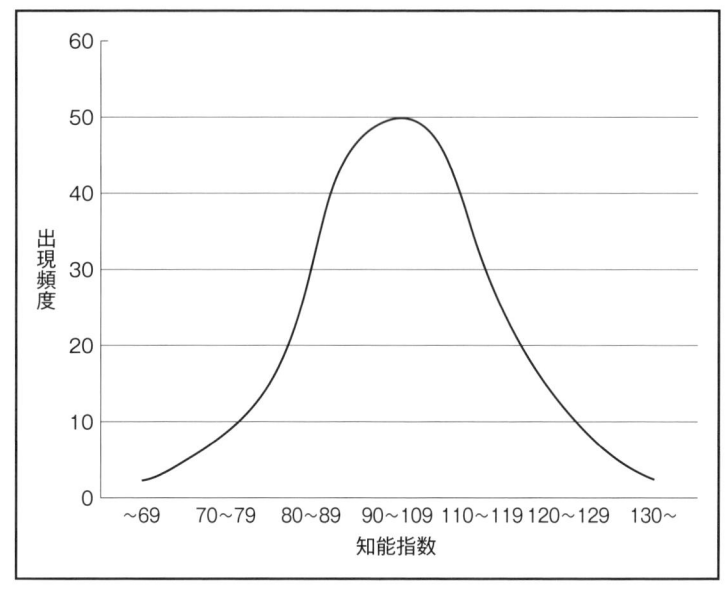

図5-1 知能指数の分布

が正規比率で平均100，標準偏差15に相当する直線になるよう，図の上で得点とIQの対応を求めた結果，IQの分布は平均100，標準偏差15の正規分布にしたがう形になります。IQは以下の式で算出され，この式によりIQ値から一定の集団における相対的位置を予想することができます。したがって，全検査IQ = 88であれば，まず「平均の下」レベルに位置し，平均の1標準偏差内にあるという理解がなされます。

$$偏差知能指数(IQ) = 15 \times \frac{個人の得点 - 母集団の平均値}{母集団の標準偏差} + 100$$

(2) パーセンタイル順位

さらに，パーセンタイル順位を見ると，21になります。これは，当該受検者と同年代の人たちが何人いたとしても，それを100人に換算したとき

第5章　検査実施法「熟知」への第一歩——WAIS-Ⅲを例として　113

の数値であり，この受検者は低いほうから21人目にいることになります。このように，数値の意味を充分理解していることが，結果の報告や受検者にフィードバックするとき，臨床で役立つものとなります。

（3）信頼区間

測定には誤差がつきものなので，全検査IQの値を報告する際には，誤差の値（信頼区間）を併記することが推奨されています。通常この表記は，信頼度90％の場合の誤差で充分とされています。臨床場面では，あまり信頼度を上げすぎて誤差範囲を広く取りすぎると，せっかく測定した意味がなくなってしまうものです。たとえば全検査IQ＝88の場合，90％の信頼区間は84〜92となります。仮にこの受検者を100回測定したとすれば，100回中90回はこの範囲（84〜92）に収まるという意味であり，数値を決定的な一つの点のようにとらえないことが大切です。また，84という下限値と，92という上限値をよく押さえておくことが，後の解釈で役立ちます。

（4）全検査IQの解釈に注意を要する場合

群指数，言語性IQ，動作性IQともに測定標準誤差を含んでいるので，ディスクレパンシーが1点や2点では，単なる誤差による差である可能性が高いことになります。他方，群指数間またはIQ間のディスクレパンシーが大きい場合，全検査IQの値は「実体ないし実感の伴わないもの」になります。したがって，全検査IQの値を根拠に解釈を進めることは危険です。

WAIS-Ⅲの場合，言語性IQと動作性IQの差がいくつであれば両者の間に心理統計上，差があるとされるのかは，実施・採点マニュアルに年齢群別の値も含めて掲載されています。たとえば，18〜19歳の場合，12.37（5％水準）とありますから，13点以上の差がなければ有意差があるとはいえません。それが，55〜64歳では，7.90（5％水準）ですから，8点の差があれば有意差があるといえます。

このように，値の一つひとつを丁寧に見てゆくのが臨床実践では大切です。ときどき，「ディスクレパンシーは 15 あれば大丈夫だから，マニュアルを引かなくても大丈夫」といった横着な見方をしている臨床心理職もいますが，それでは"熟達"から遠ざかります。

2）ステップⅡ：指数（群指数，言語性 IQ／動作性 IQ）による分析
　（1）　群指数

WAIS-Ⅲの標準化データを因子分析した結果，4 因子モデル（言語理解，知覚統合，作動記憶，処理速度）が支持され，WAIS-Ⅲ下位検査が四つの認知能力，すなわち四つの群指数に再分類されました（Wechsler, 2006）。

● WAIS-Ⅲの4群指数
（1）言語理解（Verbal Comprehension：VC）
　　言語能力の水準を表す。言語性下位検査のなかでも，特に言語能力と関係の強い『単語』『類似』『知識』に基づいて算出される。「理解」という語が用いられているが，"言語表現"能力も含む。
（2）知覚統合（Perceptual Organization：PO）
　　主として視覚や視覚-運動に基づく知覚や認知の能力。この場合の知覚や認知とは，物と物の関係をとらえたり，断片を一つにまとめたりする力のこと。動作性下位検査のなかでも，特に非言語的認知と関係の強い『絵画完成』『積木模様』『行列推理』に基づいて算出される。
　　なお，WAIS-Ⅳの原版では「Perceptual Reasoning Scale」と名称変更されており，その名のとおり，認知して「推理する」能力に力点が置かれ，構成する下位検査にも変更が加わっている。
（3）作動記憶（Working Memory：WM）
　　人間の情報処理のための容量と定義される。『算数』『数唱』『語音整列』に基づいて算出される。その解釈は，注意，記憶を中心として多岐にわたる。

> **(4) 処理速度（Processing Speed：PS）**
> 　『符号』『記号探し』に基づいて算出される。その解釈は，[作動記憶] 同様，多岐にわたっている。

　四つの群指数もIQと同様，パーセンタイル順位を記せば，当該受検者が属する年齢群における相対的な位置を示すことができます。
　障害や特性の影響で特定の群指数（複数の場合もある）が著しく低下し，その結果，群指数間の差が大きくなることも考えられます。こうした群指数間の差を論じる場合，VIQ-PIQ間についてと同様，その差が統計的に有意であるかどうかによって判断します。たとえば，言語性下位検査には「言語理解」と「作動記憶」の2指数が含まれています。この両者の差が大きい場合，言語性IQも慎重に解釈する必要があり，実際には言語性IQとして解釈するよりは，「言語理解」と「作動記憶」の群指数解釈を優先したほうがよいということになります。
　なお，各群指数に含まれる下位検査の評価点間に著しい差異が見られる場合には，慎重に解釈を進める必要があります。その差異に，受検者の個別的な特徴が現れていることが大いに考えられるからです。たとえば，同じ「作動記憶」を構成する下位検査である『算数』と『数唱』の評価点に，大きな差異が見られる場合などです。このような場合には，次のステップⅢで検討します。
　(2)　言語性IQ（VIQ），動作性IQ（PIQ）
　VIQ，PIQは，これまで長く浸透していた概念ですが，WAIS-Ⅲでは，群指数による解釈のほうが優先されることになりました。ただし，VIQ，PIQの二つの概念により充分説明できると判断される場合に限り，VIQ，PIQによる解釈を行います。これに関連して，次のような枠組みがあります。
　VIQとPIQは，たとえば，それらを人間の主要な情報処理過程として

の聴覚音声処理過程と視覚運動処理過程になぞらえてとらえることも可能です。聴力や語音弁別力，言語発達など，聴覚音声処理過程に困難があると，VIQ＜PIQとなる可能性があります。他方，視知覚，視覚認知，運動，視覚運動協応など，視覚運動処理過程に困難があると，VIQ＞PIQとなる可能性があります。

なお，WAIS-Ⅳ（2008）では，WAIS-Ⅲよりもさらに群指数が重視されるようになっており，VIQとPIQは廃止されています（Lichtenberger & Kaufman, 2009）。

3）ステップⅢ：複数の下位検査で共有される能力および影響因による解釈（プロフィール分析）

下位検査は，「平均10，標準偏差3」に標準化されています。±1標準偏差は評価点7〜13点，±2標準偏差は評価点4〜16点となります。同一年齢群のなかでは，下位検査ごとの評価点の分布はおよそ正規分布をなしているので，19段階それぞれの評価点が100人中何番目の成績順位に相当するものかを，理論的に示すことも可能です。IQや群指数と同様，評価点という数値の持つこのような意味を，充分理解しておくことが求められます。

さらに，その受検者の全検査の評価点平均，言語性検査評価点平均，動作性検査評価点平均から，その受検者が固有に持っている強い（S）能力と，弱い（W）能力を，それぞれの平均から，下位検査の評価点が統計的に高いか低いかを判定することによって見出していくこともできます。そのために，WAIS-Ⅲ原法における標準的な手続きとは別に，WAIS-Ⅲプロフィール分析表（2009年末現在Ver.1.1）も開発されています。このプロフィール分析表は，研究の進歩にしたがってバージョンアップされていきますので，医療に勤務する臨床心理職は，最新の知見を学び続ける必要があります。

併せて，WAIS-Ⅲプロフィール分析表では，影響因もわかりやすくなっ

ており，たとえば不安の高さは，『算数』『数唱』『語音整列』『符号』『記号探し』といった，「作動記憶」「処理速度」の下位検査の影響因となっています。

さらに，臨床経験的によく指摘される下位検査間の評価点の差異を見るポイントと，各々から推測される特徴について，**詳説B**に挙げておきます。

4）ステップⅣ：各下位検査に固有の能力および影響因による解釈

それぞれの下位検査が，知的機能のどのような側面を測定しているものなのか，その理解に基づいて結果を解釈する段階です。各下位検査固有の能力や影響因を，次頁の**表5-3**に示しました。これは，他の下位検査の得点に対して，一つだけ得点が高いとか低いという場合，つまり，ステップⅡやⅢではどうしても解釈できない場合に用いるとされています（山中，2008）。

さらに，各下位検査の回答における質的特徴や，課題への取り組み方や，受検態度なども，解釈のための重要な要素です。臨床経験的によくいわれる各下位検査において見るべきポイントについて，**詳説C**でいくつか列挙しておきます。

また，動作性課題をおざなりに取り組む傾向にあるか（あるとしたら潜在的な抵抗や敵意），思ったことをすぐ口にする傾向にあるか，課題が難しくなると直ちに諦める傾向にあるか，逆にいつまでも正答を下すことに固執する傾向にあるかなど，検査全般に見られる態度特徴，さらに検査者との相互作用において，外罰的（内罰的）になる傾向にあるかなどの点も，受検者の特徴をうかがい知るうえで大切な要素となります。

さらに，言語性課題の『単語』や『理解』で，「質問（query）」を検査者から出した際，その質問の意図や意味を理解できず，その「質問（query）」によってかえって説明が課題の意図から逸れてしまうような場合，受検者の対人的コミュニケーションの障害を示唆する指標ととらえられる

表 5-3　各下位検査に固有の能力および影響因（山中，2008）

下位検査名		固有の能力	備考 (WISC-Ⅲで挙げられていたもので WAIS-Ⅲでは記載がなかったもの)
単語	貯蔵・統合	言語発達水準 語いに関する知識	
類似	貯蔵・統合	論理的で抽象的な（カテゴリー的）思考	
知識		特になし	一般的な事実についての知識の量
理解	貯蔵・統合	実践的知識の表現 過去の経験についての評価と利用 慣習的な行動の基準についての知識	
算数		特になし	計算力 量的推理
数唱	貯蔵・統合	即時的な暗記再生	
語音整列	貯蔵・統合	五十音や数字の順序の熟達 (facility of overlearned sequences)	
絵画配列	貯蔵・統合	結果の予測 時間的順序の理解および時間概念	
絵画完成	貯蔵・統合	実質的な運動を伴わない視覚認知	
積木模様	貯蔵・統合	全体の部分への分解（分析方略） 非言語的概念（解法の法則性など）形成	
行列推理	貯蔵・統合	類推的推理 (analogic reasoning) 時間制限が伴わない場合の非言語的問題解決 (nonverbal problem solving with no time limit)	
符号	出力	精神運動速度	
記号探し	貯蔵・統合	視覚的探査の速さ	
組合せ	貯蔵・統合	特になし	視覚-運動フィードバックの利用 部分間の関係の予測

こともあります。このようなポイントも，検査目的や受検者の背景情報などによって個別に注目すべき点が絞られてくるものであり，一律に見るべきものということではありません。前のステップⅢで列挙した，下位検査間の評価点の差異を見るポイントと併せ，このような臨床的知見に関しては，WAISやWAIS-Rにおける役立つ著作があります（Zimmerman & Woo-Sam, 1973；秋谷，1990）。臨床業務の合間に，こうした文献を渉猟できるとよいでしょう。

5）ステップⅤ：符号と数唱の精査

　ステップⅣで列挙したポイントにも書きましたが，WAIS-Ⅲでは，符号と数唱に関して得点が低かった場合，どのプロセスでつまずきが見られたのか，得点が高かった場合，そのプロセスが優れているのかについて，統計的に分析するためのステップが設けられています。

　符号では補助問題が3種設けられており(対再生，自由再生，視写)，年齢別に示されている累積パーセントをもとに，この符号問題の成績の影響因が記憶にあるのか，書記スピードにあるのかを判定します。数唱では，順唱，逆唱の最長スパンが年齢相応の成績なのかどうか，順唱と逆唱のスパンの差の持つ意味についても，やはり累積パーセントによって判定できるようになっています。このステップが加わったことからも，WAIS-Ⅲが認知・情報処理過程をアセスメントする認知機能検査としての色合いが，強くなっていることがうかがえます。

　これまで述べてきたステップⅠ～Ⅴと，こうした課題への取り組みや，検査者との関係における特徴を統合して，事例の背景情報と検査依頼目的に即した解釈所見をまとめる作業にとりかかります。

■3．再び検査実施前に戻って

　最後に，導入の段階に戻ると，たとえば「買い物のとき，前なら自然に難なくできていた計算ができなくなっている」といった，失算症状を疑わせる訴えを強く持つ患者が，WAIS-Ⅲのような知能検査を受けるとしましょう。検査者が導入時にその訴えを充分汲み取っていれば，検査者の側から，「このあとの問題には計算をしてもらうものが含まれています。どのくらいできなくなっているか確かめてみましょう」というような声かけが可能となり，それが受検のモチベーションを上げることにつながる場合もありうるのです。

　ほかにも，たとえば統合失調症の入院患者が，検査室に入室するやいな

や,「検査は受けてもいいです。ただし条件があります。私は計算が苦手なので,絶対に計算問題だけはやりません。断固拒否します」と,検査者に"宣言"してきたとしましょう。この場合も,事前にその患者の不安の高さや固執的な行動特性,思考の緩慢さなどの状態像をおおまかにでも把握できていれば,「検査は受けてもよいけど,計算が苦手なので絶対にやりたくないと思っているんですね。今回の検査は,今の病気の状態が,生活していくうえでどんなところに影響が出ているか,どんなところには影響がないかを調べるために受けていただくものですが……。苦手とおっしゃる計算が,どれほど○○さんのストレスになるのかを確かめることができると,これからの治療の役に立つと思うのですが」などのように,そうした訴えを柔らかく受け止めて返していくことで,スムースに全検査を実施できたりするものです。

　事前のシミュレーションがないと,『算数』を"やる-やらない"といった具体的なレベルで,検査者と受検者の双方が拮抗して,支配-被支配の関係に陥ることにつながりかねません。

　また実施中,たとえば事前情報から過剰適応傾向が見て取れるような心身症患者が,『理解』のある一問において,がぜん自分の欲求にこと寄せて一般性を度外視した回答を示したとしましょう。すると,その人はまだ充足できない未熟な欲求を抱えつつ,日ごろ環境に適合する努力を続けていて,その分,内的緊張をご自身が自覚する以上に高めているがために心身症状を呈しているのかもしれない,といった理解が,課題を介したコミュニケーションのなかで検査者のなかに生じてくるわけです。

　検査状況という"今,ここ (here and now)"でも,それを反復している可能性をポイントとして念頭に置きながら実施を続けていくと,実施過程イコール解釈過程の様相をいっそう帯びてきて,それは本質的にはサイコセラピーと変わらない状況になってくるものです。そうなれば,実施後の患者に対して検査者がかける労いの言葉も,ステレオタイプなものでは

なく，時間を共に過ごしかかわりを持ったことによる，多分に治療的な意味合いを含んだものになるでしょう。このようになることこそ，医療臨床において，心理検査を臨床心理職が行うということの本質的な意味や役割があり，臨床行為としての心理検査といえるものになるのではないでしょうか。

　以上は心理検査を熟知することへの"第一歩"にすぎません。この奥深い世界を，ぜひ堪能してください。

【Q1の解答】

　実施する心理検査が持つ先験的な特質を，充分に把握しておくこと。

【Q2の解答】

　関係性のうえでの行動観察と，それに関して，詳細にメモを取るようにすること。検査実施中にメモが取りきれなかった場合は，検査後すぐに加筆して忘れないようにすること。

詳説 A　子どもの発達・教育支援で行うことの多い心理検査

1. ITPA 言語学習能力診断検査 (Illinois Test for Psycholinguistic Abilities)

　この検査は，学習障害を持つ子どもの心理・教育的診断検査として開発されたもので，コミュニケーション過程に必要な心理的機能を，①回路(聴覚-音声，視覚-運動)，②過程(受容，表出，連合)，③水準(表象，自動) の 3 次元の関係でとらえ，子どもの全体的な知的水準を測定します。全体的な知的水準を知るだけでなく，その子どものなかでのいろいろな能力の差異（個人内差）を明らかにし，治療教育の手がかりを得ます。適用年齢は 3 歳 0 カ月～9 歳 11 カ月です。

【コメント】
　子どもの言語的コミュニケーションに関する能力の個人内差を精査するのに適しています。

2. K-ABC 心理アセスメント・バッテリー (Kaufman Assessment Battery for Children)

　この検査は，神経心理学と認知心理学の研究成果に基づいて開発された，小児の認知アセスメント・バッテリーで，学習障害児に対する神経心理学的アセスメントのひとつとして注目されています。継次処理尺度，同時処理尺度，認知処理過程尺度，習得度尺度の 4 尺度から構成され，問題を解決し情報を処理する認知様式（認知処理過程）と，習得された知識（習得度）を明確に区別して評価します。適用年齢は 2 歳 6 カ月～12 歳 11 カ月です。

【コメント】
　WISC-Ⅲと並ぶ，学習障害のアセスメントのための包括的テストバッテリーのひとつとして定着しています。

3. DN-CAS (Das・Naglieri Cognitive Assessment System)

　知能を情報処理過程とする新たに再概念化したモデル――子どもの認知機能が，プランニング，注意，同時処理，継次処理の四つの重要な活動に基づいている――によって構成された検査です。プランニングとは，「個人が問題解決の方法を決定し，選択し，適用し，評価する心的過程」のことで，これが含まれているのが当検査の独自性といえます。適用年齢は5～17歳です。

【コメント】

　特にAD/HD特性を検出するのに適しています。それだけに，AD/HD特性の高い子どもにとっては，自分の苦手な特性についての課題が連続して呈示されることによって，ストレスフルな状況を強いられる可能性のある点に配慮して実施することが望まれます。

4. 新版K式発達検査2001 (Kyoto Scale of Psychological Development)

　通称「K式」のKは"京都"の頭文字で，1951年に京都市児童院（当時）によって発表された，わが国オリジナルの発達検査です。子どもの発達水準をわかりやすくつかむために，ウェクスラー法のような偏差IQではなく，年齢尺度としての発達年齢，発達指数を採用しています。「姿勢・運動」「認知・適応」「言語・社会」の各領域において，その子どもがどのくらいの発達水準にあるかを，多面的にみられるように工夫されています。適用年齢は3カ月～成人です。

【コメント】

　主に乳幼児を対象とした発達検査ですが，障がい児が成人になった際の再判定にも役立てられるようにとの福祉現場の実際的ニードに応えるべく，1983年の改訂版から，適用年齢が成人までに広がりました。田中ビネー知能検査が，1歳級の課題から語彙に関する課題を含んでいるので，ことばを獲得していない子どもへの適用が難しいのに対して，この「K式」は，比較的早期の乳幼児を対象とした総合的な発達検査として，健診や療育の場でとても重用されています。

詳説 B　下位検査間の評価点の差異を見るポイントと，各々から推測される特徴

1．『知識』が他の言語性課題よりも高い

知性化に頼る強迫的傾向。

2．『知識』が他の言語性課題よりも低い

抑圧的防衛に依存する傾向。平素，自分の状態や不安にとらわれ，現実の物事に広く関心を向けられない適応傾向。

3．『理解』＞『絵画配列』

社会的な状況で，何をなすのが常識や良識に照らして望ましいかといった認識や判断の枠組みを持っているにもかかわらず，実際の視空間（社会適応場面）でそれを応用して対処することが難しい傾向。

4．『算数』＜『数唱』

有意味情報の選択的注意機能が低い傾向。

5．『積木模様』＞『組合せ』

完成図という枠組みやモデルが明示されている状況では課題解決ができても，そのような枠組みの与えられない状況では，可塑性や柔軟性のある対処が難しい傾向。いろいろやりながら解決を導き出すよりも，考えて事にあたる傾向。

6．『類似』＞『単語』『理解』

観念亢進傾向。周辺思考にとらわれやすい傾向（影響因として状態不安や内的緊張の高さ）。

7．『絵画配列』＞『絵画完成』

現実の物事を単独にはっきりと把握することが難しい，場依存的傾向。

8．『絵画完成』＞『符号』

環境の矛盾や不調和に対する感性や批判性を潜在している，受動攻撃的傾向。

＊　＊　＊

もちろん，これらは一対一対応のように解釈に当てはめるのでなく，その他の検査上の特徴や，受検者の背景情報との照合などから総合的に解釈されるべきもので，あくまでもひとつのポイントにすぎません。

詳説C　各下位検査において見るべきポイント

1．絵画完成

指さしのみで回答するか，言語反応のみで回答するか。単一の事物の絵刺激（例：「14．ペンチ」「23．桜の花」など）と，複数のアイテムで構成される背景つきの絵刺激（例：「10．ジョギング」「16．散歩」など）や，対称性を備えていて比較参照できる絵刺激（「8．ボート」「15．バイオリン」），そうした特徴の違いの間で回答傾向があるかを見ていきます。

2．単　語

当て推量で答える傾向にあるか否か。「16．うららか」「17．さりげない」のような形容詞で特異的に答えられない傾向にあるか否かを見ていきます。

3．符　号

正確かつ迅速な作業を求められる課題において，正確さを重視して作業量が停滞するか（もしくはその逆か）。対再生＞自由再生か(偶発学習が可能)，自由再生＞対再生か(視覚記憶能力は高いが連合能力は低い)。模写図形は正確か（回転や鏡映などによる誤謬があるか）を見ていきます。

4．類　似

具体思考・カテゴリー思考・抽象思考といった枠組みで見たときに，思考の一貫性は保たれているかを見ていきます。

5．積木模様

積木を配置する位置が，一貫して規則正しくなされるか(強迫性)。配置順が「上から下」に一定しているか（安定性の希求），「下から上」に一定しているか（健全な構築態度）。課題系列において，2×2の組み合わせから3×3へと，刺激が広範になったとき(第10問〜)や，モデルが45°回転したとき（第13問〜），枠

がなくなったとき（最終14問）などの変化にどのように対応するか。赤い斜線への影響性はどれほどか（惑わされることなく分割して組み合わせていくか）を見ていきます。

6．算　数

問いの聞き返しがあるか（あるとすれば頻繁か）。難度が高くなるとすぐに諦めてしまうかどうかを見ていきます。

7．行列推理

反応時間はどれほどか。回答に際して，熟慮的か非熟慮的かを見ていきます。

8．数　唱

順唱と逆唱の成績に差異があるか。回答の際，検査者の呈示したテンポに同調的か否か。前の系列の数詞を保続して誤答することがあるか。好成績の場合，何らかのストラテジーを用いたのか，そうでないのかを見ていきます。

9．絵画配列

ストーリー（各問回答後に聴取することが推奨される）に特異的な表現が認められるか。複数の要素に注意が向けられているか。"オチ"がわかるか。ストーリーに主語が入っているか。ストーリーに情緒がこもっていて，文脈を感じられる語りかを見ていきます。

10．知　識

正答や誤答に，ジャンル（文学，歴史，地理）別の傾向があるかを見ていきます。

11．理　解

「いくつか挙げてください」に対応できるか。"一般的にどうか"ではなく，個人的な意見や体験を回答する傾向にあるかを見ていきます。

12．記号探し

誤りがいくつかあるとすれば，回答の前半ないし後半のいずれかに偏りがあるかを見ていきます。また，"ある"を"ない"と誤る傾向にあるか，その逆か，といった誤答傾向を見ていきます。

13．語音整列

音の聴き取りが正しくできるか。前の系列の数詞を保続して誤答する

ことがあるか。好成績の場合，何かストラテジーを用いたかを見ていきます。

14. 組み合わせ

「1. 男性」は顔の切片から，「2. 横顔」は目の切片から初めに配置できるか。一つの切片の配置に固執する傾向はあるかを見ていきます。

【第5章の文献】

秋谷たつ子（1990）：図形テストと非構造性テスト——投映の理解と臨床マナー　土居健郎・笠原　嘉・宮本忠雄・木村敏責任編集　異常心理学講座8　みすず書房　pp.307-340.

馬場禮子（2006）：投映法　どう理解しどう使うか　氏原　寛・岡堂哲雄・亀口憲治・西村洲衛男・馬場禮子・松島恭子編　心理アセスメント実践ハンドブック　創元社　pp.220-230.

Kirk, S. A., McCarthy, J. J., & Kirk, W. D. ／上野一彦・越智啓子・服部美佳子（日本版著）（1993）：ITPA 言語学習能力診断検査手引〔1993年改訂版〕日本文化科学社

Lichtenberger, E. O. & Kaufman, A. S. (2009)：*Essentials of WAIS-Ⅳ assessment.* John Wiley & Sons.

松原達哉・藤田和弘・前川久男・石隈利紀（1993）：K-ABC 心理・教育アセスメントバッテリー　丸善メイツ

餅田彰子・吉田直子・加藤志ほ子・溝口純子（1990）：構造論からみた投影法　岩崎徹也ほか編　治療構造論　岩崎学術出版社　pp.291-305.

Nagkieri, J. A. & Das, J. P. ／前川久男・中山　健・岡崎慎治（日本版作成）（2007）：日本版 DN-CAS 理論と解釈のためのハンドブック　日本文化科学社

成田善弘（1987）：精神科医の立場から2　藤土圭三・中川賢幸・宇賀勇夫・小林敏雄編　心理検査の基礎と臨床　星和書店　pp.31-34.

Rapaport, D., Gill, M. M., & Schafer, R. (1945)：*Diagnostic Psychological Testing.* (Revised by Holt, R. R. 1968) International Universities Press.

Schafer, R. (1954)：*Psychoanalytic Interpretation in Rorschach Testing.* Grune & Stration.

新版 K 式発達検査研究会編（2008）：新版 K 式発達検査法2001年版——標準化資料と実施法　ナカニシヤ出版

土川隆史（1998）：ロールシャッハ法の使いこなし方　名古屋ロールシャッハ研究会編　ロールシャッハ法解説——名古屋大学式技法〔1998年改定版〕　名古屋ロールシャッハ研究会　pp.107-121.

上野一彦・海津亜希子・服部美佳子編（2005）：軽度発達障害の心理アセスメント——WISC-Ⅲの上手な利用と事例　日本文化科学社

Wechsler, D. (1958)：*The Measurement and Appraisal of Adult Intelli-*

gence. Willams & Wilkins. p.7.
Wechsler, D. (1975): Intelligence defined and undefined: A relativistic appraisal. *American Psychologist*, **30**, 135-139.
Wechsler, D.／日本版 WAIS-Ⅲ 刊行委員会訳編（2006）：日本版 WAIS-Ⅲ 理論マニュアル　日本文化科学社
山中克夫（2008）：日本版 WAIS-Ⅲ の解釈の手順　日本心理臨床学会第 27 回大会自主シンポジウム資料
山中克夫（2009）：日本版 WAIS-Ⅲ の解釈の手順　未公刊
Zimmerman, I. L. & Woo-Sam, J. M. (1973): *Clinical Interpretation of the Wechsler Adult Intelligence Scale.*（杉山善朗監訳〈1980〉WAIS の臨床的解釈　日本文化科学社）

第6章
心理検査の中断をめぐって
──ロールシャッハ法①

> なかなか慣れないロールシャッハ法・・・

次に登場するのはロールシャッハ法に取り組む細谷さんです。第1章〜第5章で学んだことを念頭に置きつつ，早速シーンを見てみましょう。

◎シーン11◎

細谷聡美（ほそやさとみ）です。大学院を修了して4年目に入りました。今までは母校の大学院の教育心理センターに残って，子どものケースを担当していました。ほかにも適応教室で働いたりしていましたが，医療の経験が少ないので，このクリニック（「ほのぼのメンタルクリニック」）に応募して採用されました。週に2日（金曜と土曜）勤務です。

ほのぼのメンタルクリニックは，40代の院長先生（男性精神科医）のほか，受付クラークが2名，臨床心理職は非常勤が私以外に1名（火曜と水曜勤務，女性，臨床歴2年目。一度だけ会ったことがある），それに院長先生の奥様（経理を担当している。医療関係者ではない）がときどき出入りしている，という少人数のクリニックです。私の前任者は母校の先輩で，中堅の臨床心理職でしたが，妊娠を機に退職されました。先輩からは，精神科クリニックなのでロールシャッハ法の依頼が多いと聞いていましたが，ロールシャッハ法には慣れていなくて，ちょっと心配……。

勤務開始から2週間目，院長先生に診療の合間に呼ばれました。

院長先生：「先週，初診した女性なんだけど，今日も来てね。いま診察終わって待合で待っててもらっているんだけど，来週，ロールシャッハやってほしいんだ」

聡　　美：「あっ，はい。（ついに依頼が来たわ！）」

院長先生：「ちょっとボーダーっぽくてね。場合によっては，カウンセリングも必要かもしれない」

聡　　美：「そーですか……（いきなりボーダー！）」

院長先生：「来週の土曜日，9月10日の午後1時スタートでいい？　午前中に呼んでおいて，検査の前に診察終わらしとくから」

聡　　美：「大丈夫です」

院長先生：「じゃぁ，それで本人に伝えておくからね。よろしく」

　患者は，植田亜希子さんといって，24歳，女性，会社員，独身です。彼女は，初診時も再診時も一人で来院されています。カルテ，院長先生からのお話，前医からの紹介状，クラークさんの話からわかったことの概略は次のようなものでした。

【ケース概略】

　植田さんは，出生時の異常なく，身体発達にも異常なく，今まで軽い交通事故を含めて頭部外傷歴なく，熱性の疾患に罹ったこともありません。盲腸の手術のために小学校時に短期入院した以外に，入院歴もありません。精神科遺伝負因は否定されています。

　ご家族は，父親（50代，外資系の営業マンで，海外を含む転勤族），母親（専業主婦だが，趣味のパッチワークを通じて友人が多い），植田さん，弟（大学在学中で，実家を離れて独居している／植田さんとの仲は良いらしい）の4人です。植田さんが中学校時代まで父方祖母が同居していたそうですが，胃ガンのため他界されています。植田さんはこの祖母になついて

いたようです。

　植田さん自身は，幼稚園（3年間）から現在まで成績は中くらいで，友達は多いほうと語っています。女子校から女子大に入り，栄養学を専攻して，ストレートで中堅企業に就職しました。第一希望の会社ではなかったようですが，希望する範囲の会社だったようです。4月に入社して1週間の研修の後，営業事務に配属されました。5月のゴールデンウィーク明けより，いつも疲労が抜けないような感じを自覚し，頭痛，めまい，イライラ感などを主として，8月に地域の大規模病院の内科を自ら受診しました。そこで，血液検査，尿検査，頭部CTなどを受けましたが，身体医学的に異常は認められず，医師より「ストレスではないか？」と言われ，同じ病院の精神科受診を勧められました。そのときは，「ストレスなら大丈夫」と思い，精神科は受診せず，そのまま仕事を続けていました。

　その後，体調も気分も，少し良くなったり悪くなったりを繰り返していました。その年の年末に，体調も気分も自覚的には"最悪"となったため，自分で勤務先と自宅の中間地点にあるメンタルクリニックをインターネットで探して受診しました。そこで，60代くらいに見える医師から，初診で「きみは境界例だね」と言われ抗うつ薬を処方されましたが，「境界例」という言葉の意味がそのときはわからず，自宅に帰ってインターネットで調べてみると，一部の記事に「性的乱交，攻撃性，自殺企図，浪費」などと書かれており，ショックを受けて，そのクリニックには二度と行かず，抗うつ剤も内服しませんでした。

　しかし，年が明けても体調も気分もすぐれないため，別のメンタルクリニックをやはりインターネットで検索して受診したところ，今度は医師に「うつ病」と言われ，診断名は違っていましたが，まったく同じ抗うつ薬を処方されました。今度は内服してみましたが，効いているのかいないのか自分では判断できませんでした。主治医は優しい感じの中年の男性医師で，医師に不満はありませんでした。しかし，そのクリニックは，インター

ネットで「専門医」をキーワードに検索して選んだので，結果として遠距離になってしまいました。そこで，主治医に自宅近くの病院への転院を相談すると，快く紹介状を書いてくれました。

転院先もインターネットで調べて，通えそうな範囲で，土曜日もやっているところにしました。それが，ほのぼのメンタルクリニックだったわけです。仕事は，ときに時間休を取ったりしながら，何とか続けているようです。

紹介状は封がされていましたが，植田さんは開けて見てしまったとのことで，そこには彼女の名前，生年月日，初診日のほか，次のようなことが書かれていました。

診断名：うつ病（境界性人格障害疑い）

治療経過：×年×月×日，当院初診。抑うつ気分，易疲労感，過眠傾向，頭重感など。初診時より，paroxetine 10 mg を処方。漸増して 30 mg にしたところ，日中の倦怠感が増悪し，めまいを訴えるようになったため，20 mg で維持。自宅近くに転院を希望しておりますので，ご高診のほどよろしくお願い申し上げます。

院長先生の問診で，心理検査の受検歴はないことがわかっています。処方は前医の最終処方のとおりで変えていないとのことでした。植田さんは近視でコンタクトをしていますが，日常視力に問題はなく，聴力も普通にやり取りでき，意識障害も認めず，身体麻痺もありません。クラークさんの話でも，植田さんは外来で落ち着いた様子で，身なりは最近の年齢相応のファッションであり，流行の雑誌に目を通している，という話でした。

【心理検査当日】

さて，心理検査当日の 9 月 10 日（土）午後 1 時になりました。細谷さ

んはお昼から準備して，心理検査室で待っています。外見からはわかりませんが，内心はドキドキ状態です。細谷さんには，これまで得られている情報の限りでは，"ボーダー"を思わせるような症候の記述は見つけられませんでした。また，植田さんのどのような点が"ボーダー"を疑わせるのかについて，主治医である院長先生に聞いておく余裕がなかったことに改めて思い当たり，それらが細谷さんを不安にさせる材料となっていました。植田さんの午前中の待合室の様子では，変わった様子はなかったと受付クラークさんから聞いています。

　午前中の診察を済ませて，植田さんは食事を摂って戻ってくるはずでした。ところが，約束の1時になっても姿が見えません。どうしたのかとヤキモキして受付に出て待っていると，植田さんが少し息を切らせた様子で戻ってきました。受付クラークさんに「ランチの場所が混んでて，会計も混んでて遅れました」と言っているのが聞こえてきます。

　細谷さんは受付から出て，植田さんの氏名を確認し，自分も名乗って，心理検査室へと誘いました。植田さんは入室した後も，「ランチの場所が混んでて，会計も混んでて遅れました。すみません」と繰り返しました。時間が気になる細谷さんは，第1章〜第5章で挙げた事項に簡単に触れた後，早速，心理検査に取りかかりました。遅刻についてはそれ以上取り上げませんでしたが，「心理検査への抵抗かしら？」とは，頭をよぎっていました。しかし，植田さんが，封がされていた紹介状を開けてしまい，診断名のところに「境界性人格障害疑い」と書かれてあるのを見てしまったということは，このときの細谷さんは知りませんでした。そのような植田さんであればなおさら，心理検査を受けることに複雑な思いが去来してもおかしくないはずでした。

　検査バッテリーは院長先生と相談して，ロールシャッハ法をやってから描画法をやり，もしも時間があれば質問紙（SDS）をやる，ということで予定を立てていました。

第6章　心理検査の中断をめぐって――ロールシャッハ法①

【ロールシャッハ法開始】
　さて，少し時間が押しているものの，ロールシャッハ法を開始しました。Ⅰ図版を手渡したところ，植田さんはちゃんと手に持ち，比較的すぐに「蛾」と答え，やや突き放したように図版を机に置きました。細谷さんがうながすと，図版を手には持ちませんでしたが，再び図版を見はじめ，ちょっと間があってから，「鳥」……「人」と，もう二つの反応が得られましたが，「これ以上は無理よ」とでも言いたげな様子で植田さんは細谷さんを見ました。Ⅱ図版では，比較的すぐに「子グマ」と答えて図版を置いて終わりました。Ⅲ図版では，ちょっと躊躇した感じで「ネコ」……「人」という答えでした。細谷さんはⅣ図版を渡しました。

植田さん：「あのー，ちょっと化粧室に行きたいんですけど」
細谷さん：（えっ?!）
（植田さんは，細谷さんの顔色をうかがっています）

さあ，あなたならどうする？・・・

☀セルフチェック！（自分なりに考えをまとめてみましょう）

Q1．心理検査中の休憩や中断に関して，臨床上，留意すべきことを考えてください。
Q2．あなたが検査者なら，この場でどう対処しますか？

⇨ **解答は147ページです**

Q1・Q2の解説（大枠のみ）

　誰にでも生理的な現象はあります。この場合，ロールシャッハ法の教示

の前に，トイレを勧めておくのが常識的な対応です。教示の後ではいけません。教示の前，**第2章**で扱った「ラポールをとる」時間の合間に，トイレを済ませておくことを勧めましょう。

　トイレを勧めて済ませていたとしても，済ませていなかったとしても，上記のような検査中の状況は起こりえます。後者の場合，トイレを遠慮して我慢していたという場合もあるでしょう。それはそれで，そういう人柄が伝わってきます。しかし，多くの場合，検査実施中の中断の申し出は，ロールシャッハ法という状況から生み出されています。

　ロールシャッハ法を自分が初めて受けたときのことを思い出してください。心理学科の3年のときでしょうか？　手渡された図版Ⅰの刺激（W）がどんなにインパクトがあったか，蘇ってきませんか？　臨床心理職になるために，まず自分がまっさらなときに心理検査を受けることが大切なのは，こういう受検者体験が確実に残るからです。

　話を戻します。ロールシャッハ法の実施状況は，受検者と検査者がロールシャッハ図版という媒介を真ん中にして，前章までで解説してきたように，2人の関係性のなかで展開されていきます。しかし，ロールシャッハ図版がもたらす刺激は，一般の人が考えている以上に受検者の内界を動かします。特に，精神病圏の病態水準を有する方々には強い刺激です。ですから，幻覚妄想状態が強く，保護室に入っているような状態の精神病者には，ロールシャッハ法の実施は早すぎると教わるのです。

　いずれにしても，**第5章**で学んだように，その心理検査が持つ先験的な特質を充分に把握しておくこと，つまりこの場合でいえば，ロールシャッハ図版が持っている特性を充分に把握しておくことが大切です。ロールシャッハ法の専門家であった田中富士夫（1930-2006）は，ロールシャッハ図版一つひとつを自分の手で描くことによって，ロールシャッハ図版そのものを見ないで描けるようになり，それくらい自分たちが用いている図版に馴染むことの大切さを語っています（津川・田中，2001）。専門家と

は，それくらいの努力をしているものなのでしょう。

　本章でテーマになっている中断の申し出も，そのほとんどが図版に由来する刺激の連続から生じているのですが，どういう刺激によって受検者に何が生じているのかがまるでわからないまま対応するのでは，専門職とはいえません。ロールシャッハ法に関しては優れた成書がたくさんありますが，図版の成り立ちや各図版が持つ特徴については，片口（1987），河合（1969），中井（1997，1999）などに詳しく述べられています。特に，中井（1999）は講演の収録なので，読みやすいと思います。なお，この後に専門書で充分に学ぶことを前提として，各図版の特徴とポイントを**詳説A**にまとめました。

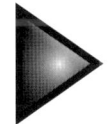

▶ point1 ● ジェットコースター理論

　ロールシャッハ法の実施状況を，ジェットコースターに例えてみましょう。受検者Aと検査者Bは並んで，コースターの座席に座ります。安全ベルトをします。あれこれ話しながら心の準備をします（ラポール）。2人は同じジェットコースターを同じ時間に回ることになりますが，この2人の決定的な違いは，Bはこのジェットコースターに何度も乗ったことがあって，このジェットコースターの特性をよく知っている（どういう刺激が来るかを知っている）のに対して，Aは初めてもしくは2回目（がほとんど）だということです。

　カタカタ，カタカタと，ジェットコースターが上昇し始めました（教示）。ガクンといって止まりました（Ⅰ図版を渡す直前）。いよいよ始まります。急下降です！（Ⅰ図版開始）。と思ったら急に右斜めに大きく旋回して下降したり（Ⅱ図版），今度は左斜めに上昇です（Ⅲ図版）。このような具合に，波瀾万丈の時間を過ごします。それがジェットコースターの醍醐味です。最後は元の地点に戻って，ガタンと揺れて平地を滑り，そして止

まります。

　繰り返しますが，検査者Bが何度もこのジェットコースターに乗ったことがあって，何が起こるかよく知っていることが大事です。万が一，隣にいるAの状態が悪くなったときに，どう対処したらいいのかだけではありません。Bが刺激の連続を充分に理解していることによって，受検者Aがこのジェットコースターを"楽しむ"ことにつながります。

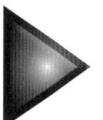

　さて，植田さん（受検者）の場合，Ⅰ図版→Ⅱ図版→Ⅲ図版→Ⅳ図版のところで，化粧室を希望しました。つまり，Ⅰ図版→Ⅱ図版→Ⅲ図版→Ⅳ図版の過程が，中断の申し出に影響していることになります。何がどう影響したのでしょうか。図版の持つ刺激特徴が，植田さんのこころの何か（あるいは脳の何か）を揺さぶっています。これは，植田さんの行動観察によってもとらえることはできますが，その反応内容や言語反応の特徴からも，汲み取ることができます。

▶ point2 ● 行動観察と反応内容から得られるもの

■1．Ⅰ図版がもたらすもの

　では，具体的に見ていきましょう。シーン11の一部を例にします。

◎シーン11の抜粋◎

　Ⅰ図版を手渡したところ，植田さんはちゃんと手に持ち，比較的すぐに「蛾」と答え，やや突き放したように図版を机に置きました。細谷さんがうながすと，図版を手には持ちませんでしたが，再び図版を見はじめ，ちょっと間があってから，「鳥」……「人」と，もう二つの反応が得られましたが，「これ以上は無理よ」とでも言いたげな様子で植田さんは細谷さんを見ました。

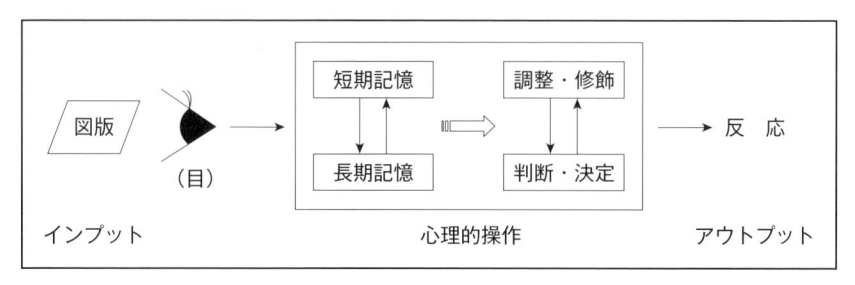

第6章　心理検査の中断をめぐって──ロールシャッハ法①　　139

図6-1　ロールシャッハ法検査反応の産出過程（藤岡，2004，p.11）

　教示に従って図版を手に持つ様子から，どんなことが推測されるでしょうか。ひとつは，植田さんは新しい場面で，ルールに従って行動できる人である可能性が浮かぶでしょう。また，「ちゃんと手に持」てるということは，新しい場面で物事に対することができる能力も浮かぶでしょう。そして，「比較的すぐに」反応を産出しています。ロールシャッハ刺激から反応が産出する過程は，藤岡（2004）による**図6-1**を見ながら，以下の引用を読んでください。

　　まず，刺激（図版）が提示されると，被検者はその刺激を視覚情報として，目から脳に入力する。入力された視覚情報は，脳の短期記憶に貯蔵され，「何に見えるか」という教示された課題に従って，長期記憶に貯蔵された記憶痕跡と照らし合わされていく。その際には，無数の反応候補が産出されるが，反応として不適切と判断されたものが振るいに落とされ，残ったものが言語化され，修飾され，さらに判断と調整が重ねられ，最終的に反応として出力されることになる。

（藤岡，2004，p.11）

　刺激の入力 → 処理 → 出力の間，脳はものすごい高速回転をしており，通常は数秒で反応が出されます。Ⅰ図版は一つのまとまったゲシュタルト

があり，しかも色が1種類で，導入の図版として適切な特徴を有しています。植田さんの場合,「比較的すぐに」答えを出していますから，初発反応時間には大きな問題がないことがうかがえます。たとえば，内因性のうつ病者の場合，思考抑制のために反応時間が遅延したりします。また，統合失調症者の一部の状態のとき，連合弛緩のために反応をまとめることができず遅延してしまったり，一部の強迫的な特性を持つ人の場合，全体を組織化して完全な一つの反応として産出しようとして遅延したりするなど，初発反応時間からうかがえることも多いです。ですが植田さんの場合，これらの可能性は少ないようです。

　反応内容の「蛾」はどうでしょうか。植田さんのなかでどういう過程をたどって「蛾」が最終的に選択されたのか，質問段階（Inquiry）がまだなので正確にはわかりません。どこに「蛾」を見たのか，領域（Location）もわかりません。わからないけれども「蛾」です。一般的にいって，羽を持っており，黒っぽいイメージです。なかには，ものすごく「蛾」が大好きな人もいるかもしれませんが，あまり良いイメージを持たれていないのが「蛾」でしょう（蛾さんたち，ご免なさい！）。つまり，植田さんにとって，Ⅰ図版の刺激は，あまり良い刺激としては認知されず，そのまま終わろうとした可能性が高いことになります。

　Ⅰ図版が持つ多種類の刺激のうち，どの刺激が植田さんを不快にさせたのか，そして，それをどの程度植田さんは自覚しているのか（反応決定因〈Determinant〉）に関しては，まだわかりません。この時点では，良い印象ではなさそうだというだけです。良い印象はないけれど，形態としては理解できるものを答えていますから（正確には領域がわからないのでまだ断定はできませんが），好ましくない印象のものを，常識的な枠内で表現できる能力を植田さんは持っていることがうかがえます。

　しかし,「やや突き放したように」図版を置いたということは，続けて好ましくない刺激に対応するというフラストレーション耐性には，ちょっと

疑問が生じます。ここで，検査者がうながすと，「図版を手には持ちませんでしたが，再び図版を見はじめ」ということは，積極的に刺激にかかわってはいませんが，うながされれば引いた姿勢でトライすることはできる，という植田さん像も認められます。

　「ちょっと間があってから，『鳥』……『人』と，もう二つの反応が得られ」たところは，どうでしょうか。「鳥」は通常，羽を持った生き物ですから，先ほどの「蛾」に似ていますが，今度の反応には黒色の要素が取り入れられていない反応の可能性があります（正確には質問段階で確かめなければなりません）。良い印象なのかそうでないのかはまだわかりませんが，黒色を除くこと，つまり，不快な刺激を自分のなかから排除する機能が働いていることが推測されます。自我は活発に動いているようです。

　このことも，平板化した精神病水準の患者にロールシャッハ法を実施することが多い医療領域の臨床心理職にとっては，大切な事実となります。また，「鳥」と聞いて，ひっくり返るほど驚く検査者はいないでしょうから，常識的な範囲内の反応を続けて二つ産出できることもうかがえます。

　「人」はどうでしょうか。どこにどういう人を見ているのか，まだわかりません。これらも質問段階で確かめる必要のあることです。しかし，植田さんは人間なのですから，どのような「人」であっても，コンテント（content）として Human を産出したことは，喜ばしいことでしょう。さらに，「蛾」→「鳥」→「人」と，三つの反応はどれも了解しやすいものである可能性が高いわけですが，そのことは逆にみれば，複雑に構成された反応（組織化された反応）が少ない可能性を意味し，不快な反応に接したときの植田さんの普段の様子は，単純な反応で乗り切るものかもしれないと推測されます。

　そして，Ⅰ図版の最後で，植田さんは「『これ以上は無理よ』とでも言いたげな様子で植田さんは細谷さんを見」て終わっています。そもそも検査者のうながしで「鳥」と「人」が得られたわけですが，「終わっていいで

すか?」とは植田さんは聞きませんでした。おおよそ自分で決めているようです。まるで検査者がいないかのごとく,「これ以上は無理です!」とか,「これで終わります!」といった断定的な終わり方もしていないようです。どの程度の関係かは別にして,受検者と検査者という二者関係は存在するようです。

　これも対象関係が完全に切れてはいないことを示し,検査者としてはうれしい証拠であると同時に,植田さんが自分で自分の意志を言葉で表明できる能力について関心が向きますし,「言いたげな様子で」検査者を見ていることから,依存 (dependency) というテーマも検査者の脳裏をよぎるでしょう。

　なお,反応語について,植田さんが「蛾」「鳥」「人」と,いわば単語の羅列のような形で言語表現している点も,このテーマにつながります。いわゆる performance proper（自由反応段階）の,特にⅠ図版における受検者の態度,ふるまい,言語表現は,その人が普段の生活場面で採っているやり方をたくまずして表すものであるという点で,重視する必要があります。

　そこで,植田さんは体言止めの表現を示しています。これを日常会話のコミュニケーションに置き換えると,「あなたの好きな食べ物は何ですか?」と大人から問われて,「カレー……」と答えているに等しいということになります。このような言語表現の特徴も,植田さんが持っている依存性,ひいては未熟性を反映したものととらえてよいかもしれません。社会人としての外面はどうにか保持できていても,内実はまだ子どものような依存性や未熟性を積み残している人かもしれない,といったイメージが浮かんできます。

　いま,Ⅰ図版のところまでを解説しましたが,実際の臨床場面では,検査者はジェットコースターに乗りながら,受検者の様子を観察し,ほぼ同時にここまで解説したようなことを考えています。さらに,次に受検者が

答えるであろう反応を予測しています。**第5章**で述べたように，実施過程＝解釈過程であり，その瞬時における解釈（仮説検証）の積み重ねが，実施上の受検者への概ね適切で自然な対応につながるわけです。これは名人芸ではありません。本来，ロールシャッハ法の実施者であれば，誰もができなければいけないレベルのことです。ビギナーは，記録を書くだけで手一杯かもしれません。しかし，ここで述べているようなことを内的にやろうと努力しなければ，上達しません。"やろうとする"というより"やる"のです。実行を続けながら，良い指導者について実施方法の指導を受け続けていけば，少しずつ実施そのものは上達していきます。

■2．Ⅱ図版がもたらすもの

　続いてⅡ図版もがんばって追ってみましょう。Ⅱ図版は，カラーショック図版として有名ですが，ゲシュタルトがⅠ図版よりもやや離れているのも特徴です。実際，Ⅰ図版→Ⅱ図版→Ⅲ図版の三つが，一つのシリーズをなしています（中井，1999）。ゲシュタルトだけから見てのシリーズではないのですが，話がややこしくなるので意図的に単純化するため，いまはゲシュタルトだけを取り出してみると，一つ→やや離れる→うんと離れる，という一連のシリーズであるのが理解できるでしょう。

　さて，**シーン11**では，「Ⅱ図版では，比較的すぐに『子グマ』と答えて図版を置いて終わりました」とあります。「比較的すぐに」ですから，初発反応時間の問題はⅡ図版でもないようです。つまり，カラーショックで初発反応時間は影響されないようです。

　ところで，皆さんは「子グマ」についてどう思われますか。分解してみましょう。「子」と「クマ」ですね。「子」は，小さいとか幼い，というような意味でしょう。「クマ」は普通，大きなイメージですよね。大きなイメージのものを小さくしようとしている感じです。植田さん，怖かったんでしょうか。ちょっと退行（regression）した感じです。普段の植田さ

も怖くなると，そんな感じになるのかもしれません。

　どこに「子グマ」を見たのか，まだわかりません。全体でしょうか，下の黒い部分でしょうか。後者だとしたら，色はどうなっているのでしょうか。植田さんの反応に取り入れられているのでしょうか，そうではないのでしょうか。そして，Ⅱ図版ではこれ以上の反応はなく終わりました。植田さん，自分から終われましたが，何も言わなかったようですね。やはり，自分の言葉で意志を表明することについては，植田さんの場合どうなのでしょうか。

■3．Ⅲ図版がもたらすもの

　さあ，コツがつかめてきましたか。続いてⅢ図版です。Ⅲ図版はP反応（Popular反応）が出やすいもののひとつです。包括システムの創始者であるExner, J. E.（1928－2006）は，このカードを最も好きな図版として挙げています。理由は「ふたりがこういて，一緒に何かしていて。そこにhuman relationがあるからです」（野村ら，1999）。読者にもExnerの気持ちが伝わってくるでしょう。

　さて，**シーン11**では，「Ⅲ図版では，ちょっと躊躇した感じで『ネコ』……『人』という答えでした」とあります。「ちょっと躊躇」とは，どういう刺激が植田さんを躊躇させたのでしょうか。まだわかりません。そもそもⅢ図版のどこにネコを見たのでしょうか。慣れた検査者であれば，「もしかしてネコの顔かな？」と，脳裏をよぎるでしょう。どんな顔なのでしょうか。あんまり表情が良さそうな感じではなさそうですね。これらの連想は，すべて質問段階で本人に確認するまで確定はできません。また，仮に顔を見たのだとしても，植田さんは「ネコの顔」とは言わず，ただ「ネコ」と言っています。「ネコ」という対象表象のある一部分（とはいえ"顔"はとても主要な部分ですが）を見たにもかかわらず，ただ「ネコ」と言うのであれば，全体と部分の識別に無頓着である，といった発達上の問題点

も併せて脳裏をかすめてきます。

　次の反応は「人」でした。聴いている検査者の細谷さんは，「P反応のHumanだと，それもhuman relationがあるといいなぁ」と思いながらその反応を聴いているでしょう。植田さんの場合，院長から「場合によってはカウンセリングも必要かもしれない」と言われているのであれば，なおさらそのように思えると良いでしょう。

■4．Ⅳ図版がもたらすもの

　そして，いよいよ「細谷さんはⅣ図版を渡しました」に至りました。植田さん，今まですごくがんばってくれましたが，Ⅳ図版がもたらす刺激の何かに持ちこたえがきかなかったようで，化粧室を希望されました。「ちょっと中座したい」という意味でしょうか，それとも身体に出たのでしょうか。

　いずれにしても，ここで何の思慮もせず，「どうぞ，どうぞ，化粧室に行ってください」と言うのでは，臨床心理職として成り立ちません。生理的なものを止めるとか，いじめるとか，そういう意味では決してありません。植田さんは，必ずしも良いことばかりではないこの世の中で，彼女を応援してくれる人がたくさんいたとしても，自分で自分の人生を生きていかなくてはならないのです。誰も植田さんに代わることはできません。そして，植田さんは生きていくうえでの力を，それがどの程度でどのような特質なのかということは脇に置いたとして，何がしかの力を持っていることもまた事実です。無思慮に中断することは，植田さんが持っている力を無視して，発揮しづらくさせることに加担します。よって，とても非臨床的な行為となります。

　では，具体的にどうしたらいいのでしょうか。とにもかくにも，このことに触れることでしょう。**シーン11**から抜粋します。

◎シーン11の抜粋◎

植田さん：「あのー，ちょっと化粧室に行きたいんですけど」
細谷さん：（えっ？！）
（植田さんは，細谷さんの顔色をうかがっています）

その後はどのような展開になるでしょうか。たとえば以下にようになるかもしれません。

細谷さん：「化粧室？」
植田さん：「何か，ちょっと……」
細谷さん：「ちょっと，どんな感じなのかしら？」
植田さん：「ちょっと，何だか，良くない感じ」
細谷さん：「いま，急に？」
植田さん：「さっきから，何か，だんだんと……でも，大丈夫そう」
細谷さん：「大丈夫そう？」
植田さん：「……えぇ，やれそうです」
細谷さん：「我慢しなくてもいいんですよ。化粧室，行かなくても大丈夫？」
植田さん：「大丈夫です」

こんな展開になるかもしれません。たとえならなくても，中断について，それまでのロールシャッハ過程を念頭に置きつつ，"行かせる−行かせない"といった表層的な次元で反応するのではありません。ましてや，以下のような会話をするのは論外です。

● 【絶対にNGの例】
　検査者：「化粧室？」
　受検者：「何か，ちょっと・・・」
　検査者：「あっ，さっきのネコが気持ち悪かったんでしょ？」
　受検者：「えっ？」
　検査者：「ネコに反応したんだ」
　受検者：「……」（余計に具合が悪くなる）

　サイコセラピーで，検査者が推し量っていることを全部口に出して言うことが解釈ではないのと，同じことです。むしろ，推し量っているけれども現実に語られていることを，ここでは扱います。上記のようなNGをやってしまったら，それから先の反応はすべてパーになってしまいます。繰り返しますが，無思慮に化粧室にただ行かせることも，解釈を一方的に口にすることも，ともに非臨床的行為です。

【Q1の解答】

　これまでの実施経過において，受検者の内面を推し量りつつ，受検者の状況に応じた対応をする。この間の一連のやり取りも心理アセスメントの一環である。大きくまとめれば，ロールシャッハ図版を介した二人の関係性，すなわち文脈をふまえて，実験心理学的な対応ではなく，医療の一環として臨床上の対応をすることに留意する。

【Q2の解答】

　中断の申し出について，言葉で触れる。その際，ニュートラルな介入（intervention）を心がける。

詳説 A　ロールシャッハ図版の持つ特徴とポイント（初歩の初歩）

　中井（1999）は「ロールシャッハ過程は一種の冥府に降りて再び地上に戻る過程」と語っています。ジェットコースター理論より、はるかに文学的で豊かな語りです。その全過程をたどってみましょう。ただし、本文で触れたように、この詳説でわかった気になってはいけません。専門書やスーパービジョンなどで充分に学習してください。

1．Ⅰ図版

　言わずもがなではありますが、最初に呈示される図版として重要です。ゲシュタルトがまとまっていて、濃淡（shading）は当然あるものの1色であり、最初の図版として相応（ふさわ）しいものとなっています。本稿執筆現在、日本における最新のP反応研究によると、Wで「コウモリ」が、片口法においては32.7％（大貫ら、2005）で、包括システムにおいては30.0％（津川ら、2000）と、実施・処理・解釈法の違いを越えて近い値となっています。また、全体を「動物の顔」とする反応も多く出現し、片口法では20.7％に及び、そのほとんどが空白部分を「目」としています（大貫ら、2005）。また、片口法では、「動物の顔」に限らず、「仮面」や「非現実的な人間の顔」など、いわゆる「顔」の知覚を合わせると52.1％にも及び、「コウモリ」や「蝶、蛾」の出現率を上回ります。「顔」の知覚は、外側の輪郭を把握するよりも、内部の空白により注目した結果として産出される反応で、受検者の内側への関心を反映したものととらえることも可能です。

2．Ⅱ図版

　いわゆるカラーショック図版です。インクの混合部分は「きたならしい不潔な印象」（片口、1987）を与えますが、それに対するcopingも示されることになります。「第二カードにはエロス的なものがちらと現れる」（中井、1997）という要素も大切

です。Wで「2人の人」が，片口法においては37.3％（大貫ら，2005），包括システムにおいては37.6％（津川ら，2000）と，数値はほぼ一致していて，この図版で「2人」の「現実的な人間」の「全身像」を知覚することは「一言で言えば，その人が現実の世界でよい人間関係を結ぶことができる能力（少なくても最低限の，潜在的な）をもっていることを示す」（大貫ら，2005）と考えられ，ポイントのひとつです。また，赤色を除いた領域に「クマ」のような四足獣を見るのも，片口法ではP反応です（片口，1987；大貫ら，2005）。

3．Ⅲ図版

Ⅰ→Ⅱ→Ⅲと続く前半の最後に当たる図版です。Ⅰ→Ⅱ→Ⅲと進むにつれてゲシュタルトが分離していきます。P反応である「2人の人」は，ロールシャッハ法の実施法の違いどころか，文化を越え，かつ時代を越えて，P反応として君臨しています（津川ら，2000）。たくさんの研究があるため，値に若干の違いはありますが，現在は約8割前後の高率で，P反応になっていると考えられています。このことは，医療における臨床に限らず，心理療法や心理カウンセリングの導入の前（もしくはアセスメント面接の段階）に行われることの多いロールシャッハ法という位置づけにおいて，重要性が際立っています。その意味は本文で触れたとおりです。

4．Ⅳ図版

中井（1997）が「沸き立つ混沌」と呼んでいるのがぴったりの図版です。濃淡という，おそらくロールシャッハ図版の持つ魅力の中核が，明確になる図版です。包括システムでは，この図版のP反応が「human or humanlike figure」（人間もしくは人間類似のもの）となっています。この重要性は，片口法においても指摘されています（大貫ら，2005）。

いずれにしても，中井（1999）が「地下水流」と呼んだ，Ⅰ→Ⅳ→Ⅵと続く第二のシリーズにおいて，Ⅵ図版と並んで重要な位置を占める図版です。

5．Ⅴ図版

10枚のちょうど真ん中にくる図版です。ロールシャッハにおいて，「中間の休息地のような役割」（河合，

1969）になっています。ジェットコースター理論でいうと，前半の心臓ドキドキ状態から，ガタンっと急にフラットな刺激の少ない状態になったような図版です。それは，この図版のゲシュタルトや色が，比較的単純にできていることから由来していると考えられています。ですので，ここでしかるべく「休息」できるかどうかが，ポイントのひとつとなります。P反応として「コウモリ」と「チョウ」は問題ないものと思われますが，「チョウ」に「蛾」を含めて処理しているデータが多いため，「蛾」がP反応として妥当かどうかは，特に医療におけるロールシャッハ法を考えるとき，研究の余地が残されています。

6．Ⅵ図版

「Ⅴ図版のあとで示されるⅥ図は，反応の非常に困難な図版である。著しい濃淡と，性的内容を暗示する形態が，その原因であろう」（河合，1969）という言葉が，この図版の特徴を端的に表しています。通常，「動物の毛皮」という反応がP反応です。これに加えて，「弦楽器」もしくは「楽器」が，片口法で32.3％（大貫ら，2005），包括システムにおいては35.3％（津川ら，2000）と，ほぼ似た値となっており，現代日本においてこの反応はP反応といえる状態にあります。

7．Ⅶ図版

Ⅵ図版との違いが際立ちます。「この図版は，やさしさと軽快さを感じさせる」（片口，1987）図版です。この「やさしさ」が不得手な人もおり，そのような人にとって，この図版は対処しづらいものとなります。しかし，もうひとつの特徴である，分節化されていて形態を区切ってとらえやすい特徴に助けられて，反応を産出することができます。つまり，「やさしさ」といった情緒的なものを排して，客観的に対応することが可能な図版であるということです。包括システムでは，D9領域に「人間の頭もしくは顔」を見ればP反応であり，片口法では原則としてWで「人間」になっていますが，いずれにしても，「2人の現実的な人間」を見るかどうかが大切です。その意味もあって，Ⅲ図版と比較されることも多い図版です。

8．Ⅷ図版

　多彩色図版の入口です。包括システムでも片口法でも，ともにD1領域の動物がP反応の基準となっています。このP反応はやはり，文化を越え，かつ時代を越えて，P反応として高率に存在しています（津川ら，2000）。片口法でも数あるP反応のなかで，最も出現率が高いP反応となっています（大貫ら，2005）。

　以上のように，多彩色図版の最初であるという刺激と，P反応の見やすさという二つの条件が，この図版の反応生成に影響を与えます。

9．Ⅸ図版

　「この図版は反応の困難な図版である」（河合，1969）と指摘されています。「きわめてRejを生じやすい反面，空想を多く誘発する性質を有している」（片口，1987）図版です。医療においては，Ⅰ図版からここまでのジェットコースター過程を検査者が丁寧に追っていられれば，その対象者の心理アセスメントがほぼ確定する図版として位置づけられます。

10．Ⅹ図版

　「全図版の最後のものとして，多くの意義をもつ」（河合，1969）図版です。中井（1999）は次のように語っています。「Ⅷカードは今から何か始まりそうだと，Ⅸカードは何か今起こっている感じがあって，Ⅹカードは全体として何かことが終わって散らばっているという印象を与える」。Ⅹ図版の終結性が不完全なことから，中井（1997）は，「カード読解終了後のテスターとテスティーの言語的なやりとり」がいかに大切かを指摘していますが，これは医療におけるロールシャッハ法を考えるとき，非常に大切な指摘です。

【第6章の文献】

藤岡淳子（2004）：包括システムによるロールシャッハ臨床——エクスナーの実践的応用　誠信書房

片口安史（1987）：各図版の特徴　片口安史　改訂新・心理診断法——ロールシャッハ・テストの解説と研究　金子書房　pp.231-239.

河合隼雄（1969）：図版の特性とその継列　河合隼雄　臨床場面におけるロールシャッハ法　岩崎学術出版社　pp.49-60.

野村邦子・半澤利一・津川律子・Exner, J.E.（1999）：エクスナー博士へのインタビュー　包括システムによる日本ロールシャッハ学会ニューズレター Across The Horizon No.3, 7-9.

中井久夫（1997）：ロールシャッハ・カードの美学と流れ　中井久夫編　アリアドネからの糸　みすず書房 pp.309-339.

中井久夫（1999）：ロールシャッハ・カードはどのようにしてできたのだろうか　包括システムによる日本ロールシャッハ学会誌, **3**(1), 3-16.

大貫敬一・佐藤至子・沼初枝（2005）：片口法ロールシャッハ・テストにおける公共反応の再検討　心理臨床学研究, **23**(1), 75-85.

津川律子・渕上康幸・中村紀子・西尾博行・高橋依子・高橋雅春（2000）：包括システムによるロールシャッハ・テストの平凡反応　心理臨床学研究, **18**(5), 445-453.

津川律子・田中富士夫（2001）：ベテランに聞く　包括システムによる日本ロールシャッハ学会ニューズレター Across The Horizon No.5, 4-15.

第7章
心理検査の終わり方
──ロールシャッハ法②

細谷さん，心理検査の"幕"を無事に閉じることができるか?!

　第6章に続き，細谷さんのロールシャッハ法初実施の様子です。第Ⅳ図版の途中で植田さんは中断を申し出ましたが，細谷さん，どう対応するのでしょうか。早速シーンを見てみましょう。

◎シーン12◎

　Ⅳ図版で中断しかかりましたが，以前，実習を受けていた病院で似たような場面になったことがあり，そのとき受けた指導のお陰で，うまく取り扱うことができました。

　結局，Ⅳ図版の反応は「怪獣」で，Ⅴ図版は「コウモリ。ボロボロな感じ」，Ⅵ図版はかなり間があってから「皮」，Ⅶ図版は「子ども」（P反応）「睨んでいる顔」，Ⅷ図版は「動物」（P反応），Ⅸ図版は「火事」，最後のⅩ図版は「海の中。いろんな生き物がいます」で終わりました。質問段階で，いろいろとわかったことがありますが，質問段階も無事終了しました。細谷さんは限界吟味を行わないロールシャッハ法を習ってきていますので，これで終わりです。

　細谷さん：「はい。これで心理検査は終わりです」
　植田さん：「……」

細谷さん:「受けてみていかがでしたか?」
植田さん:「正直,疲れました」

さあ,あなたなら,どうする?・・・

☀セルフチェック!(自分なりに考えをまとめてみましょう)

Q1. あなたが検査者なら,この続きをどうしますか?
Q2. 心理検査の終了に際して,臨床上,留意すべきことを考えてください。

⇨ **解答は163ページです**

Q1・Q2の解説

　ロールシャッハ法に限らず,心理検査実施後の終わり方は,臨床上とても大切です。どんなことに留意して終わったらよいのか,以下に解説します。

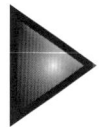

▶ point1 ● 心理検査の終了を明確に伝える

　心理検査の実施そのものは最後まできちんと行い,終わったことを相手にきちんと言葉で伝えます。**シーン12**で,細谷さんが「心理検査は終わりです」と告げていることは,正しい行為です。ビギナーのなかには,終了を明確にしないまま,だらだらと感想を聞く会話に入ってしまう人もいますが,それでは心理検査を受けている相手は,検査が終わったのか終わっていないのか,不明瞭なままにその後のやり取りをすることになってしまい,かえって相手を混乱させ消耗させてしまいます。

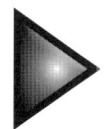

▶ point2 ● クライエントの精神内界への影響をアセスメントする

■1. どのような"疲れ"か

　心理検査の終了を明確に伝えたうえで，心理検査を実施したことで受検者の精神内界がどれだけ刺激されて揺らいでいるのかいないのか，といったことをアセスメントしてそのフォローを考えることが，検査終了にあたって一番大切なことです。特に，ロールシャッハ法はこころの深い部分に働きかけるため，病態水準を含む臨床で重要かつ有益な情報を得ることができる心理検査ですが，その分，精神内界を刺激するので，受けたことによる影響をアセスメントすることが大切です。シーン12でいえば，「正直，疲れました」という受検者の発言を無思慮かつ表面的にとらえて，次のようなやり取りで終わることは，素人以下です。

●検査終了にあたってのNG例
検査者：「はい。これで心理検査は終わりです」
受検者：「……」
検査者：「受けてみていかがでしたか？」
受検者：「正直，疲れました」
検査者：「そりゃ，疲れますよねー」
受検者：「えぇ……」

　何が問題かというと，「疲れた」という発言の意味，つまり"疲れ"の質についてアセスメントしようという意図がなく，言葉のうえで表面的に相手に迎合しているだけのやり取りだからです。「疲れ」＝「疲労」は，臨

床心理学ではさまざまな質を有しています。ダッシュをしたときの肉体的な"疲れ"から，精神病水準の不安に伴う"疲れ"まで，多次元かつ多様な性質を持ちます。どのような"疲れ"を受検者が持っているかは，実は，心理検査実施中に検査者としてとらえておく必要があります。**第6章**で触れたジェットコースター理論で，受検者と一緒にジェットコースターに乗っているのは，そういうためでもあります。一緒に乗っていれば，隣に座っている受検者がどのような体験をしているのかを，肌感覚でとらえやすくなります。ロールシャッハ場面で一緒にいること，そして，もちろんロールシャッハ反応やその表現の仕方から得られるもの（ノンバーバルな情報を含む），質問段階で得られたもの，これら全部を総動員して，実施中も終わった後も，受検者がどのような心理状態にいるのかを繊細に追っていかなければ，検査者として失格となります。

■2．"疲れ"の要因は？

そもそも，受検者（植田さん）は，いつから疲れていたのでしょうか。どんなところから疲れが来ているのでしょうか。それらを，植田さん本人は，どれくらい意識化して語れるのでしょうか。以下のようなやり取りになった場合を考えてみましょう。

●受検者の疲れに触れる例

細谷さん：「はい。これで心理検査は終わりです」

植田さん：「……」

細谷さん：「受けてみていかがでしたか？」

植田さん：「正直，疲れました」

細谷さん：「お疲れになられたんですね」

植田さん：「えぇ」

細谷さん：「検査が始まった最初からですか？」

> 植田さん：「いいえ。最初，見て，パッパと答えているうちはよかったんです」
> 細谷さん：「あぁ，最初のうちはよかった」
> 植田さん：「そうなんです。それが，後で，いろいろ質問されて，それに答えているうちに，何だか疲れてきちゃって……」

　上記のようなやり取りになったとしたら，検査者として細谷さんは大きな所見が得られたことになります。自由反応段階ではあまり疲れていなかった受検者が，質問段階になったら疲れたということが判明したからです。自由反応段階と違って質問段階は，自分が答えたものを言葉で説明しなければいけない段階です。つまり，自分が体験したことを，どこまで意識化し，適切な言葉として他者（検査者）に伝えられるかに関する段階ですから，ここで疲れが生じたということは，この一連の過程に疲れが生じる要因が潜んでいることになります。

■3．質問段階での"疲れ"

　さて，時間が少し遡りますが，植田さんのⅣ図版の反応は「怪獣」でした。この「怪獣」を例にとって，質問段階のやり取りが，もしも以下のようであったとしましょう。

> 細谷さん：「これは，怪獣とおっしゃいましたが」
> 植田さん：「そうです。そっくりでしょ？」
> 細谷さん：「どこに見えましたか？」
> 植田さん：「どこって，見えるでしょ？　大きくてちょっと怖いけど，かわいい怪獣（くすっと笑う）」
> 細谷さん：「どこから怪獣に見えたのか教えてください」
> 植田さん：「(少しむっとした感じで) どこからって，全体ですよ（当然

> じゃない！　とでも言いたそうな表情)。頭が小さくて，身体が大きくて」

　いかがでしょうか。植田さんは，自分が答えたもの（怪獣）を検査者にも同じように見えているのが，まるで当然のことのように話しています。つまり，自分が体験したことを適切な言葉で相手に伝えなくても，相手（他者）も同じように見えているはずだ，という前提が植田さんのなかにありそうなやり取りです。これだけでも，植田さんの心理アセスメントに大きな所見がもたらされます。

■4．"疲れ"のケア

　また，質問に答えることで"疲れ"が生じたのだとすると，植田さんは，ロールシャッハ反応として答えを生成すること（自由反応段階）よりも，自分が体験したことを他者に適切に伝えるというコミュニケーション上の課題が普段からあり，日常生活で体験する疲れのうちのいく分かは，これに由来する疲れなのかもしれません。そうであれば，心理カウンセリングやサイコセラピーでそれを直接に取り扱うかどうかは別にして，植田さんが持っている課題のひとつといえるでしょう。

　逆に，たとえばある人が，「私の説明に先生がわかりにくそうにしていたので，自分がそう見えているからつい相手も同じように見えていると思っていたんだな，と思いました」などの感想を述べたならば，この人はロールシャッハ法の実施段階を通してひとつの洞察を得たということになり，この人の心理カウンセリングないしサイコセラピーを通しての予後は比較的良好であろう，といった予測につながるわけです。

　さて，植田さんの場合，「後でいろいろ質問されて，それに答えているうちに疲れが生じた」というのであれば，たとえば，「何に見えるかを答えているうちは疲れなかったけれど，その後に，そのお答えについて説明

するところで疲れてしまったんですね」などのように，植田さんの思いを汲んで返すことがひとつの対応として考えられるでしょう。「受検に際して複雑な思いが去来してもおかしくない」（**第6章**）植田さんが，このように自分自身の疲れのプロセスを多少とも客観的に言葉にできたのであれば，それを検査者として受け止めて返すことが，植田さんの疲れに対するケアということになります。

　また，この例では，植田さんの言葉を単にリフレクトするのでなく，「質問されているうちに」というのを，「説明するところで」という表現に置き換えて返しています。実施の過程で検査者として植田さんに関与するなかで，植田さんについての理解が次第にある輪郭を帯びてきたのであれば，「質問されて」という表現を聴いてピンとくるものがあるでしょう。そこで，「わかりきったことをいちいち質問されて疲れさせられた」というような，受検に対する受身的・被害的な受け止め方を強く残したまま帰すことを，少しでも減じることにもつながるでしょう（ただし，その置き換えがまた植田さんを刺激してしまう可能性もあり，そうだとすればそれがまたアセスメントにつながります）。そして，一度は中断しかけたものの最後まで受検者役割を完遂したことを取り上げ，労（ねぎら）うことも大切でしょう。そこで，次の検査，描画法の実施に移るわけです。

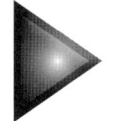

▶ point3・心理検査終了後の受検者へのケアを忘れずに

　以上はほんの一例にすぎません。ロールシャッハのすべての過程を終わってから，ジェットコースターの座席から降りて無事に遊園地を出るまでの間は，医療現場においてはとても大切なものです。もし相手が心理的にフラフラなら，そのまま帰してはいけません。わずかなフラフラでも，そのことをケアしなくてはなりません。それならば最初から心理検査はしない，ということになるかというと，決してそうではありません。医療に

おける検査は，心理検査に限らずどのような検査であっても，負担はゼロではありません。しかし，それをはるかに上回る臨床上有益な内容が検査から得られるが故に，検査は存在するのです。検査の持つ有効性と限界（含む負担）をわきまえておくことは，医療人として大切なことで，それは心理検査も同じです。

point4 ● オーケストラ理論を使ってロールシャッハ変数をキャッチする

「心理検査の終わり方」から話が逸れるようですが，ロールシャッハ法は，例えていうならオーケストラの交響曲のようなものです。ある人のロールシャッハ体験は一つの交響曲であって，交響曲が総合的かつ複雑なものであるように，ロールシャッハ体験も複雑な一連の過程からなります。

オーケストラで用いられる楽器は，大別して，①木管楽器（フルート・オーボエ・クラリネット・サクソフォン・ファゴットなど），②弦楽器（ヴァイオリン・ヴィオラ・チェロ・コントラバスなど），③金管楽器（トランペット・トロンボーン・ホルン・テューバなど），④打楽器（ティンパニ・マリンバなど），⑤その他（ハープなど）があり，これらの楽器がそれぞれ心を込めた正確な音を奏でます。聞こえてくる音楽はバラバラなものではなく，ひとつの深みのあるものとなって，聴く私たちを魅了します。

ロールシャッハ法も学派によって細かな分類は異なりますが，基本的にオーケストラの楽器に例えると，①反応領域，②反応決定因，③反応内容，④形態水準，⑤P反応，⑥その他の要素，から構成されています。このなかで一つを例にとれば，①反応領域の下位分類として，大まかには，W反応，D反応，S反応，その他の反応があります。これよりさらなる

細目は，学派によってかなり異なります。もう一つ，⑥その他の要素には，これまでに植田さんの例を通して述べてきた受検者の態度特徴や言語特徴，検査者-受検者間のコミュニケーションの特徴などが含まれます。

こう見てみると，素人がフルートを最初に吹いても音が出ないように，一つひとつを正確にコード（スコア）できるようになり，それらの意味や解釈を学んでいき，さらにそれらをバラバラにしたままでなく，指揮者（a conductor）のように総合的にひとつの音楽にする（conductする）には，継続的な努力が必要です。その代わり，ロールシャッハ法から得られる臨床情報は極めて豊富なもので，心理カウンセリングやサイコセラピーに直接的に役立つものが得られます。もう少し具体的にどのようなことがわかるのかは，**詳説A**に簡単にまとめました。また，ロールシャッハ法の学習方法の"ヒント"は，**付録のⅠ心理検査の学習方法**を参考にしてください。

いずれにしても，このようなオーケストラ理論を知っておくと，ロールシャッハ法の実施中に，どのような変数が受検者にどのような影響を与えているのかについて，ジェットコースターに乗っている間からキャッチしやすくなり（それが，実施過程＝解釈過程），「心理検査の終わり方」に際しても，受検者のケアのポイントをつかむのに役立つと思われます。

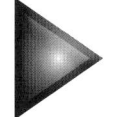

▶ おまけ・Ⅳ図版以降がもたらすもの

Ⅰ～Ⅲ図版までは**第6章**で流れを解説しましたが，質問段階で前述の，①反応領域，②反応決定因，③反応内容，④形態水準，⑤P反応，⑥その他の要素，が判明しました。これらすべてを解説しているとロールシャッハ法に関する分厚い本になってしまいますので，詳細な解説は他書に譲りますが，練習のためにも頑張って考えてみながら，残りをもう一度，見てみましょう。

中断しかかったⅣ図版で，中断を回避できた後に出された反応は「怪獣」でした。Ⅴ図版は「コウモリ。ボロボロな感じ」，Ⅵ図版はかなり間があってから「皮」，Ⅶ図版は「子ども」（P反応）「睨んでいる顔」，Ⅷ図版は「動物」（P反応），Ⅸ図版は「火事」，最後のⅩ図版は「海の中。いろんな生き物がいます」で終わりました。

「怪獣」は，質問段階で「大きくてちょっと怖いけど，かわいい怪獣」でした。怖い感じのものを可愛くしたようです。Ⅳ図版の"ちょっと怖い"の後は，Ⅴ図版「ボロボロ」と続き，Ⅵ図版「皮」でした。どんな「皮」だったのでしょうか。質問段階で「切り剥がされた皮」だったと判明したとします。ちょっと怖い → ボロボロ → 切り剥がされた，と並べてみると，受検者（植田さん）の認知がよくわかるでしょう。そして，**第6章の詳説A**をよく読んでくださった読者は，Ⅶ図版で「子ども」になった意味がわかるでしょう。それでもなお，次が「睨んでいる顔」でした。植田さん，どうしても怖くなってしまうようですね。しかし，多色図版に入り，「動物」とD領域に区切ることで，植田さんは立て直せています。ところが，次は「火事」で，炎上してしまいました。どのような火事だったのでしょうか。質問段階で「家が燃え上がっている。メラメラ燃えているけど，少しくすぶってきているところもある」火事だとわかったとします。勘の良い読者は，もしもサイコセラピーを行うとすると，どういうところにヒントがあるのか，もうキャッチしましたね。最後は「海の中。いろんな生き物がいます」。海（＝コンテントが包括システムでいうとNature）の中に彼女はいるようです。"生き物"も明確な形があるような，ないような，曖昧な形のものが多いことが質問段階でわかりました。病態水準を確定するのに，最後の念押しになりましたね。

さて，この前段落の文章が「まったく何もわからない‼」と怒っている読者は，ロールシャッハ法の基礎がまだ充分に身についてないと思われますので，どうぞ怒らないで**付録のⅠ心理検査の学習方法**を参考に学習を続

けてください。

> 【Q1の解答】
> 　「疲れ」の質についてアセスメントするために，「疲れ」について実際に取り上げて，やり取りする。
>
> 【Q2の解答】
> 　検査そのものが終わったことは明確に伝えたうえで，Q1のように，アセスメントに基づいて，丁寧なフォローを行うこと。

詳説 A　ロールシャッハ法で得られるもの

　大前提として，ロールシャッハ法は，私たちが生きている日常生活を凝縮した小さな宇宙のようなものだという理解を持ってください。日常とは，朝起きると部屋の中の様子も，鏡に映った自分の寝ぼけ眼（まなこ）も，形があり，色があり，色合いがあり，奥行きがあり，陰影があります。心理学でいえば，多くの変数から成立しています。身支度を整えて職場に行く間も，平静にしているつもりでも微妙に感情は動いています。大きく感情が揺れる出来事もあるでしょう。うれしいこともあるし，ひとことでは言えないような気持ちになることもあります。夜，疲れて布団に横になってから，自分なりのストレス・コーピングの方法として，誰にも言ったことはないけれどあり得ない物語を空想することに耽ることが，青年期のみならず大人にも少なくないことを，臨床心理職は現実として知っています。ロールシャッハ法はこれら全部を凝縮して測定する，高度に構築された心理測定法です。

　学派によって，ロールシャッハ法から得られるデータのなかで，特に何を重んじて抽出するのかという視点は，少しずつ異なっています。それはサイコセラピーが，認知を重視したり，体験を重視したり，イメージを重視したりと違っているのと同じようなことです。ここでは，学派を越えてロールシャッハ法から主として得られるものをまとめました。読者の拠って立つ学派によっては，「あれが取り上げられていない」「これも書いていない」といった違和感を持つ方もいるかもしれませんが，ロールシャッハ法の全体を見るという主旨をご理解ください。

1．疾患の鑑別補助となる根拠

　これは医療におけるロールシャッハ法で最も望まれていることです。実際，ロールシャッハ法の生みの親である Hermann Rorschach は，ロ

ールシャッハ法の始まりとなった『精神診断学』（1921）の序論において，自分の研究について次のように述べています。「健康な被験者の所見は精神疾患患者の所見と絶えず比較して検討され，逆に，精神疾患者の所見は健康な被験者の所見と絶えず比較して検討された」（鈴木訳，1998）。この記述どおり，『精神診断学』のどこを開いても，いろいろな疾患の比較や特徴に関する記述が目につきます。Hermann Rorschach自身が精神科医であったので，ロールシャッハ法の出発に精神疾患の鑑別の補助という視点が強くうかがえ，ロールシャッハ法が医療で長年使われてきた歴史の由来にもなっています。

　Hermann Rorschach（1921）以来約90年が経ち，ロールシャッハ法の適応範囲は広がり，一般の人々が自己理解に役立たせることも含めると，疾患の鑑別補助はロールシャッハ法の目指すところではないという意見もありますが，少なくとも医療現場においては精神疾患の鑑別補助検査が，脳波検査や脳の画像類を除けば極端にまだ少なく，ロールシャッハ法の果たす役割は大きいです。

　また，最近のロールシャッハ法に関する研究を見ると，他の心理検査と同様に，脳機能とロールシャッハ反応の関係を見るものが散見されるようになってきています。時代の波を受け，おそらくロールシャッハ法と脳機能との関係を扱った研究は，これからますます盛んになるでしょう。

　しかし，「Aという変数がいくつあったら〇〇病」といった単純な把握は，精神疾患そのものが単純ではないので困難であり，ロールシャッハ法における各疾患の特徴の基本は，いわば脳波検査を判読するときのパターン認識をさらに多角化・多層化したようなものです。医師ならば誰もが詳細に脳波を読み込めるどころか，精神科医でも脳波の判読に熟達している者はごく一部にすぎないのと同様に，ロールシャッハ法における精神疾患特徴を的確にとらえて，医療における治療に活かしていくためには，かなりの熟達を要します。病態水準の同定を含めて，疾患の鑑別補助となる重要な根拠を適切にとらえられるようになるための学習方法については，**付録のⅠ心理検査の学習方法**をお読みください。

2．感情状態の把握

上記の続きになりますが，医療現場にいればわかるように，うつ病といっても人によって実にさまざまで，一般の人が考えているように，皆が皆，明らかに悲しい顔をしているわけでもなければ，全員が"憂うつ"を自覚しているわけでもありません。このように，「うつ」ひとつとっても多種多彩であり，それがロールシャッハ法に反映されるため，「泣いている人の顔」という反応→「泣いている」から抑うつあり→抑うつ1点→これらを合計してこの人物の抑うつ○点，といったように簡単にはいきません。特に，内因性の要素が強いうつ病の場合，"抑うつ"そのものが投映されず，精神的なエネルギーの全般的な低下がロールシャッハに表出される，といった傾向にあるので，「感情状態の把握」はそれほど簡単ではないのです。

Hermann Rorschach（1921）が今でいう生物学的要因の強いうつ病と比較して，「心因性うつ病患者だけが，運動感覚を保持している。しかしこれに属する被験者の少数の者は，いくつかのB（Bewegungsant-wort〈運動反応〉の略）があるにもかかわらず，明瞭な狭縮的要因を示した。だから彼らは少なくとも，別の時期には，もっと多くのBを与えていたのであろう」と述べているのを読むと，時代とともにうつ病の概念が変遷したとしても，生物学的要因の強いうつ病者は，約90年前の患者も，いま私の目の前にいる患者も，ともに似通っていることが伝わってきます。

いずれにしても，感情（affect）は，いかなる対人援助においても大切ですので，質問紙法で得られるゼロイチ（表計算ソフトに入力するような値）データとは違った側面から，受検者の感情状態を把握できる点で，ロールシャッハ法の魅力は尽きません。

3．情報処理過程

第6章で引用した藤岡（2004）のコメントを，再度登場させます。「まず，刺激が提示されると，受検者はその刺激を視覚情報として，目から脳に入力する。入力された視覚情報は，脳の短期記憶に貯蔵され，『何に見えるか』という教示された

課題に従って，長期記憶に貯蔵された記憶痕跡と照らし合わされていく。その際には，無数の反応候補が産出されるが，反応として不適切と判断されたものが振るいに落とされ，残ったものが言語化され，修飾され，さらに判断と調整が重ねられ，最終的に反応として出力されることになる」。

このように，ロールシャッハ法では，刺激の入力 → 処理 → 出力という過程での本人の特徴が判明します。まず，入力は重要です。同じロールシャッハ図版を見ても，もしもそれが不鮮明な情報として短期記憶に貯蔵されてしまえば，その先の反応は貧困なものとなってしまいます（代表的なものとしてW vague反応）。また，ロールシャッハ図版によって刺激され，短期記憶に貯蔵された情報が部分的なもの（D反応など）なのか，全体的なものなのか（W反応）によっても，その後の反応は違ってきます。

次に「処理」ですが，短期記憶に貯蔵された視覚情報は，「何に見えるのか」という教示（ルール）に従って，長期記憶に貯蔵された膨大な記憶痕跡と照らし合わされていきます。この照らし合わせが間違っていると現実との差が大きくなるので，照らし合わせの能力を，現実吟味力（reality testing）と呼んでいます。現実吟味力は主として形態水準を中心とした指標から導き出されます。

最後は出力になります。出力されたものは，いってみれば反応そのものですが，反応を出力という視点から改めて見てみましょう。たとえば，医療で重要な，統合失調症圏なのかそうでないのかといった鑑別診断の補助では，M－の存在などが代表として挙げられます。

ロールシャッハ図版そのものは，印刷物であって平面的なものであり，決して動いていません。しかし，それに動きを投映するということは，その動きが受検者のこころから出てきていることに疑いの余地はありません。国を越え，文化を越え，民族を越えて，一般成人は数個の動きのあるロールシャッハ反応を産出し，しかも，そのなかのいくつかは人間の動きに関する反応です。この事実は，当たり前のようでて，しごく興味深いことです。このような事実があるからこそ，ヨーロッパで心理的なショックを受けて

も，それがアメリカ大陸であっても，アジアであっても，ロールシャッハ法はそれを測定できることになります。

そして，出力されたものが，M－のように一般には見えにくい認知であったとして，臨床心理学では，それをただ"おかしい"と判定するだけの材料にはしません。ここが実験心理学と異なるところです。一般には見えにくいものを出力したとしたら，その反応はその個人のオリジナルな翻訳過程（包括システムでは媒介過程と訳されている）から出力に至っていることになるので，まさに"投映法"としての本領が発揮できることになります。

全体からするとたった1個であったとしても，それを大切にみる視点は，調査研究における欠損値の扱いと同じように感じます。たとえば，質問紙を多数に配布して，得られたデータを処理するような場合，通常，記載に漏れがあるものは欠損値として処理対象とされません。実験心理学の発想ではそれは当たり前のことだと思います。しかし，臨床心理学では，欠損値は欠損値でありません。それは"漏れ"でもなければ，たとえ1000枚の質問紙法で10枚しかないことであっても，決して"欠損"ではありません。唯一無二の人生を生きる対象者が10名もいることになります。同様に，ある受検者のプロトコルでM－が1個あったとしたら，それは受検者のこころの中から出てきた大切な反応です。1個で数的に少ないから意味がない，といったことにはなりません。もともと何百個も出ない反応なのですから，M－の個数で鑑別診断の補助とするだけでなく，質的な検討が必須となります。

4．自己認知および対人認知

誰もが自分自身の専門家であり，自分のことはわかっているはずなのですが，どうかすると意外にわかっていないことが多いことも一般的です。「もともと悲観的なんです」とか，「根は神経質で」といった"自己理解"は，一般の人々の会話としては何ら問題ありません。しかし，対人援助職においては漠としすぎていて有用でなく，ましてサイコセラピーにおいては，何がどうなっているのかもっと詳細がわからないと，有効な技法も使うに使えません。上

記の例にある「泣いている人の顔」は，それが本人のことなのか，誰か親しい人のことなのか，世の中全般を悲観しているのかは，ロールシャッハ図版の特性や他の変数のあり様から推定するとしても，厳密な意味ではそれを同定できません。しかし，繰り返し「泣いている人の顔」という反応やそれに類似した反応が出現した場合，その対象者にとって，それが何らかの意味を持つということも実証的な事実です。

さらに大切なことは，それを本人が意識しているのかしていないのか，です。意識していない自分は，わかりやすい「泣いている人の顔」といった反応になって出てくるとは限りません。そのひとつとして，reflection を挙げてみます。この興味深い反応は，それを独自コードとするかどうかは学派によって違うとしても，出現することは共通であり，reflection の意味合いを受検者はまず意識化してはいないことを，臨床実践で実感します。意識化できていないのなら，それは「自己認知」ではないのではないか，という議論は当然あると思いますし，「自己認知」という構成概念をどう定義するかによっても違うと思いますが，一般に心理学で考えられている「自己認知」は，意識化されたものが対象にされているので，その論理では reflection は「自己認知」に入らないことになります。しかし，意識化されていないものが，意識に何も影響を与えていない，という証明も立証されていないので，「自己認知」を広義にとって意識化されていないものも含めるとすれば，reflection は「自己認知」の一部となるでしょう。

ロールシャッハ法は，意識化されていないものもたくさん汲み取ることができます。だからこそ，質問紙法などの意識化された尺度との検査バッテリー（**付録のⅡ検査バッテリーを参照のこと**）が有用なのですが，自己認知をどのような変数からとらえるのかは，学派によって違うので，これ以上は成書に譲りたいと考えます。対人認知も同様です。

5．対処様式（スタイル）

Hermann Rorschach（1921）の一文を引用しましょう。タイトルは「体験型と生活」です。

「内向的要因と外拡的要因という，

その相対比が被験者の体験型を表す両要因のどちらも，意識的な規律ある思考とはまったく異なった仕方で心に基礎づけられているにちがいない，独立した心的機構の群である。規律ある思考は，習得された因子であり，内向的および外拡的要因は，習得されたのではなく，与えられた一次的要因である。規律ある思考は，内向的要因も外拡的要因も統制することができ，そして規律ある思考の習得は，同時に，内向的および外拡的要因の統制と調節の習得である」。

ロールシャッハ法の創始者が，体験型についてどう考えていたのかをよく表している一文と思います。ユングに影響された体験型の考え方がロールシャッハ法に最初から導入され，それが学派を越えて現在まで生き続けているだけでなく，それが人の対処様式（スタイル）の根幹と位置づけられているのも，興味深いことです。

体験型というのは，非常に大雑把にいえば，次のようなものです。小学校時代，あまり練習しているように見えないのに，かけっこが速い同級生がいたと思います。一方，残念だけれど，いくらかけっこを練習してもあまり速くならない同級生もいたと思います。これは差別ではなく，その時点での個体差です。かけっこは速くないけど，マラソンなどの持久走ならいつも上位という同級生もいたでしょう。水泳でもいいし，球技でもいいです。ともかく，そんなに練習しなくても結構やれてしまう人はいるものです。だからといって努力が必要ないとか，練習してもダメだということを言っているのではありません。臨床心理学においては，個体差に目を向けないわけにいかないのです。そこから目を逸らしていたら，支援活動が成り立ちません。両足が不自由な人に，棚の上の荷物を自分でジャンプして取るようにと言わないでしょう。各々の人には，その時点で持っている資質（こころの体力のようなもの）があり，この資質にはHermann Rorschachが指摘しているように一次的要因という側面があるのも事実です。これをいま流の言い方にすれば，生物学的要因といえるのかもしれません。もちろん，一次的要因そのものも発達により変化しますし，一次的要因だけで人は成り立ってい

るのではありません。

　いずれにしても，通常の成人は，何かに対処するときに，自分では気づいていなくても，一定のパターン（対処様式）を持っていて，体験型の特徴を含むその人の対処様式を，ロールシャッハ法では把握することができます。

【第7章の文献】

ロールシャッハ，H. 著/鈴木睦夫訳（1998）：新・完訳 精神診断学——付 形態解釈実験の活用　金子書房

第8章
子どもと検査で出会うには
——幼児・児童の心理検査場面

> ちびっ子に心理検査！
> 必要なことはラポール？
> それとも？？

　再び加藤英広さんの登場です。総合病院に就職してWAIS-Ⅲで心理検査デビューを果たした後，渡瀬室長の忍耐強い指導を受けながら，ロールシャッハ法，神経心理学的心理検査を経験してきました。

　今回の"試練"（？）は，3歳児の検査です。総合病院ですから，心理室には，子どもの診療科からもコンスタントに心理検査が依頼されます。今回は，院内の疾患別センター「総合周産期母子医療センター」からの依頼です。依頼票を見ると，「極低体重出生児出身児」と見慣れない"診断名"が書かれていました。それでも，教育相談で子どものケースを担当してきた加藤さん，彼のパーソナリティも手伝って，「前より年齢は幼いけど，元々子どもは好きだし，子どものラポールなら自信があるぜ！」と内心では思っていたようです。加藤さん，今度こそ渡瀬室長に"心労"をかけずにすむでしょうか。早速シーンを見てみましょう。

◎シーン13◎

　依頼目的は「3歳時の発達チェック」，依頼検査は「田中ビネー知能検査Vなど，乳幼児発達検査（お任せします）」とありました。インフォームド・コンセントの欄には，「低出生体重児のチェックポイントとなる年齢なので，少し詳しく発達の評価をしましょう」と，主治医の関戸（せきど）先生が保護

者に伝えている旨が書かれています。

　加藤さんは先の経験をふまえて，事前のカルテチェック，田中ビネーVの熟知に努め，当日に臨んでいます。依頼票には「在胎34週，1,360gで出生の児です。現在体格はまだ小さめですが，これまでの発達に異常はありません。3歳になったので発達チェックをお願いします」と書かれており，カルテを見ても，排泄の自立がまだできていないことや，同年代の子どもとの遊びに臆してしまいがちな様子が書かれていましたが，言葉の発達に関しては「2語文可」とあり，田中ビネーVの実施に問題はないように思われ，加藤さんは安心していました。仮に実施が難しいとしても，代替の検査について渡瀬室長から指導を受けて準備しました。

　いよいよ本番，受検者の本郷歩ちゃんが来院しました。加藤さんが待合に出ると，ソファのところで，見てすぐそれとわかる小さな可愛いらしい女の子が，紙パックのジュースを母親と思しき女性にせがんでいました。加藤さんは，女の子と，3歳児の母親にしては落ち着いた風情のある女性に，早速声をかけました。

加藤さん：（歩ちゃんの目線に合わせてしゃがみながら）「おはようございます！　本郷歩ちゃんですね」（2人を見ながら）「本日検査を担当する加藤といいます。お母様でいらっしゃいますか？」
歩ちゃんの母親：「あ，はい。おはようございます……」

（ここで加藤さんを認めた歩ちゃんの表情が急にこわばり，母親にしがみつき，固まってしまう）

歩ちゃんの母親：「あ，ごめんなさい……男の先生だったんですね。この子は，お父さん以外の大人の男の人には，こうなってしま

> んです」
> 加藤さん：「あ，そ，そうすか……」（歩ちゃんと同じく"固まり"そうになる）

さあ，あなたならどうする？・・・

☀セルフチェック！（自分なりに考えをまとめてみましょう）

Q1．あなたが検査者なら，ここでどうしますか？
Q2．子ども（幼児や児童）の心理検査導入および実施に際して，留意すべき点を挙げてください。

⇨ 解答は185ページです

Q1・Q2の解説

　子どもの心理検査であっても，その導入やラポールにおける留意点の基本は，成人の場合と同じです（第2章を参照）。しかし，子どもの自我状態は未熟な状態にあるので，具体的に注意すべきことが多いのも事実です。どのような点に留意したらよいか，そのいくつかを以下に述べます。

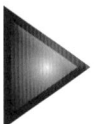

▶ point1 ● 導入時の働きかけは保護者にも行う

■1．子どもの受診における"保護者"の位置づけ

　子どもの心理検査でも，第2章で学習したように，心理検査に関して患児がどのように把握しているのかを確認し，検査を受けることをどう思っているかについて触れ，その気持ちを汲むこと，そしてあらためて検

査者として受検者に検査目的を説明し，受検者の同意を得るなどを主とした一連の導入・ラポール形成の流れは必要である，と認識しておくことが大切です。その認識に立ったうえで，実際には子どもの年齢や子どもの状態に応じて，検査者は対応を合わせていきます。これは，サイコセラピーでいう適応（adaptation）と同じです。

そこで，その適応についてこの歩ちゃんの場合で考えていくと，歩ちゃんは3歳児ですから，「検査を受けることをどう思っているか」を聞いて表現してもらうこと自体，3歳児の発達ラインを超えた水準のかかわりであるため，子どもに過度の負担と緊張を与えてしまうことになり，検査導入の前段階で子どもの拒否を招くものとなるのは，言うまでもありません。ここでは自ずと，歩ちゃんの保護者であるお母さんに働きかけることになります。このことは，"自ずと"というより，むしろ当然のことです。子どもの医療受診にあずかる保護者に，検査実施の目的や必要性を説明して同意を得ることは，すでに主治医が行っていますが，治療の一環として行われる検査を実施する検査者も，あらためてこの点を心得て保護者に働きかけることが，すなわち検査で子どもに出会う第一歩となります。

以上のことは，子どもは不確かな状況では，母親の顔を見て，母親の表情から自らの行動を決める母親参照機能（social/maternal referencing）という点からも，子どもの検査導入に重要な意味を持ちます。ここでは詳しく述べませんが，どのような病気や症状であれ，自分の子どもが医療を受診する仕儀となったことに，母親として当然の子どもの心身の状態に対する心配や不安，さらには子どもに対する罪悪感，母親機能や母親役割についての失敗感など，母親のなかにさまざまな気持ちが去来するであろうことは，論をまたないでしょう。そのような母親に連れられて幼児が病院を受診し，検査を受けるという状況です。この**シーン 13** の場合，まず母親とラポールをとること，それが子どもとのラポール形成につながるということになります。

■2．保護者のラポールづくり

また，歩ちゃんのお母さんは，いつもかかっている母子医療センターや保健所のイメージによって，子どもの検査を行う者が男性であるとは思っていなかったようでした。お母さんが軽いとまどいを覚えたとしても，不思議ではありません。そのようなニュアンスをつかんだのであれば（つかめることが大事です）なおのこと，加藤さんは歩ちゃんのお母さんとやり取りをして，お母さんとのラポールづくりを優先することが推奨されます。それを通して，お母さんの声の調子や表情が和らいでいくかそうでないかを，歩ちゃんは全身で敏感に感じ取り，それがその後の歩ちゃんの行動の決定に影響することになるでしょう。

●心理検査導入にあたってのNG例

検査者：（や，やばい，はやく患児とラポールをとらねば！　と，お母さんにしがみつこうとする幼児に対して）「お，お名前はなんていうのかなー？」

受検者：（さらにお母さんにしがみつく）

検査者：（余裕を失い，何も考えられないまま）「○○ちゃんだよね？　知ってるんだ。ハハハ！」（意味のない笑い）「何で知ってるんだろうねー?!」

受検者：（今にも泣き出しそう……）

Q１の答えとして「子どもとラポールをつくる」とのみ考えた人は，上記のNG例のようになってしまう可能性が高いかもしれません。これまで，お父さん以外の大人の男性は，往々にしてストレートに歩ちゃんにアプローチして，不安で固まる歩ちゃんとさらに仲良くなろうと躍起になって，歩ちゃんに侵入してしまっていたのかもしれません。この「仲良くな

ろうと躍起になる」は，仲良くなれない大人の側の不安に由来するもので，その不安が歩ちゃんにストレートに伝わり，歩ちゃんはさらに不安で身を固くしてしまう，そのような繰り返しだったのかもしれません。

　ここで加藤さんは，自分がこの病院の心理職であり，子どもの発達検査を担当する者であることをあらためてお母さんに伝え，その後お母さんの調子に合わせながら，歩ちゃんの検査目的や結果の取り扱いについてやり取りをすることができると，傍らの歩ちゃんにとって加藤さんはこれまでの大人の男性とは違う対象となり，歩ちゃんと出会える可能性が高まっていくことになります。

> **●心理検査導入にあたっての推奨例**
>
> 母　　親：「あ，ごめんなさい……男の先生だったんですね。この子は，お父さん以外の大人の男の人には，こうなってしまうんです」
>
> 加藤さん：（母親にしがみつく歩ちゃんとお母さんに向かって）「そうですか，それでびっくりしちゃったんですね。あらためまして，本日歩ちゃんの検査を担当します，心理室の加藤と申します。母子医療センターの関戸先生から，歩ちゃんが3歳になったので歩ちゃんの発達チェックをしてほしいと依頼を受けていますが，本日はそのことでお見えになったということでよろしいでしょうか？」
>
> 母　　親：「はい。それで参りました」
>
> 加藤さん：「検査は，お子さんにもよりますが，だいたい30分少々かかると思います。歩ちゃん，トイレのほうは大丈夫でしょうか」
>
> 母　　親：「ええ，今行ってきました。それに外に出かけるときにはまだおむつをさせていますので」
>
> 加藤さん：「そうでしたね」（加藤さんのほうをうかがうようになった歩ちゃんを見て，少し抑え目のトーンで）「そうか，もうトイレに行っ

> てきたんだね」（歩ちゃんは加藤さんを見ている）「ジュースは
> いいのかな」
> 母　　親：「売店で買ったのね」
> 加藤さん：（歩ちゃんに）「そうか，ジュース買ったんだね」
> 母　　親：（歩ちゃんに向かって）「あゆみ，今飲ませてもらう？」
> 歩ちゃん：（かすかにうなずき，手を伸ばす）

▶ point2 ● 検査室への誘導

　さて，どうにか歩ちゃんの不安が鎮まり，検査室に案内できる状態になりました。ここから先はどうなったのでしょう。シーンの続きを見てみましょう。

> ◎シーン14◎
> 加藤さん：（やれやれ……でも，やっぱり子どもの扱いはOKだな〈羨ましい性格〉）「じゃあ，あゆみちゃん，お兄さんと一緒にお部屋に行こうか？」
> 歩ちゃん：（再び固まる）
> 母　　親：「え？　そ，それは……」

■1．保護者を同室させるか否か

　子どもの検査場面に保護者である親が同席するか否かについては，原則としては大人の場合と同様，あくまでも心理検査なのですから，受検者である子どもが単独で受検することが望まれます。特に，分離個体化の途上にあり，いまだ環境との融合によって生きている子どもの場合，パーソナ

リティ検査であれ，発達・知能検査であれ，親が同室している状況で実施された検査結果は，そのような状況の影響を直接受けたものとなり，検査データの妥当性を保持することが難しくなります。また，上述した母親参照機能の影響も入り込むことになるでしょう。しかし一方で，親との分離不安に耐えられない幼児であれば，それが発達・知能検査であった場合，その分離不安が子どもの持つ最大パフォーマンスを制限してしまい，過小評価された信頼性の低い結果となるか，検査の完遂すら難しくなるでしょう。実際のところ，無理のない形で状況を展開させるしかありません。

このように考えると，**シーン14**の加藤さんの対応は性急であったと言わざるをえません。それでは，加藤さんはどう言えばよいのでしょうか。

> 加藤さん：「じゃあ，あゆみちゃん，これからお兄さんと一緒にお話ししたり，いろんなことをやるんだけど，（お母さんのほうも見遣りつつ）ボクと二人でできるかな？」

ここでお母さんが「あゆみ，大丈夫よ。いってらっしゃい」などと，お母さんが心から安心して歩ちゃんを送り出すことができれば，歩ちゃんはスムースに加藤さんとともに検査室に向かうことができるでしょう。ただし，お母さんの側もいくばくかの不安を持ちつつ，「大丈夫よ（ね？）」と言ったとしたら，歩ちゃんはそれに反応して入室を渋るほうに傾いてしまいます。先のような反応を示した歩ちゃんですし，ましてや子どものアタッチメントの発達や特徴を瞬時にアセスメントして対応するのは，ビギナーの加藤さんでなくとも至難の業です。ここはあわてず，次のように対応してみるのはどうでしょうか。

> ●検査室誘導の推奨例
> 加藤さん：「じゃあ，あゆみちゃん，これからお兄さんと一緒にお話ししたり，いろんなことをやるんだけど，（お母さんのほうも見遣りつつ）ボクと二人でできるかな？　お部屋はどんな所かな？　お母さんにも見てもらおうか？」

　このようにして，お母さんとともに歩ちゃんを検査室に案内し，お母さんにいったん入室してもらうことが，歩ちゃんにとって検査室という環境が少しでも安心できる世界に変容することになります。そのうえで，室内での歩ちゃんやお母さんの様子を見ながら，そのままお母さんに居てもらうか退室してもらうかを自然に決めればよいのです。

　ここでは，検査者の加藤さんの側も，「単独で受検させることが成功，同室状況で行うことは減点ポイント」などのような枠組みにとらわれないことが大切です。むしろ，このように誘導しながら，母子間の交流のあり方を検査者としての自らも関与しながら観察し，その様子を検査終了後の行動観察所見を記述するところまでしっかりととどめておくことが，臨床的に重要です。

　子どもの検査では，それがたとえ発達・知能検査であったとしても，検査状況が子どもに与える影響や，検査者とのかかわりのなかで示される子どもの表現や行動が，子どもの理解につながり，具体的な支援の示唆に結びつくことが多いものです。繰り返しますが，子どもはそれ自体，状況の影響をありありと生々しく受けながら，その時その場に居る存在です。状況の影響因を多く除外して検査を実施することは，不可能といってもよいでしょう。

　保護者同席の状況で行うことになった場合，その旨を報告書に明記し，検査時の行動観察を付記し，検査時の具体的な行動特徴が結果に影響した

と見なされた場合には，もちろんその旨を記述します．すなわち，この検査結果は"子ども－親のユニット"で行われたうえでの結果であることを，依頼者に伝えるということです．これは，臨床という点からも，心理測定上の限界を示すという点で心理測定学的にみても，大切なことです．

■2．検査開始後の変更

　歩ちゃんに戻ります．お母さんに退室してもらって検査を行える状況となった場合にも，「お母さんはこの部屋の前で待っている」などと歩ちゃんに伝え，お母さんには実際にそうしてもらうようにします．同席で行うことになった場合には，歩ちゃんの視界にお母さんが入らない位置に，お母さんに着席してもらうようにします．もし，それでもむずかってしまうのであれば，無理に検査を実施しないほうが適切な判断ということもあり得ます．その際には，加藤さんは事前に想定，準備していた，母親に子どもの発達について回答してもらう形式の代替検査を，実施することになります．

　上記したようなステップをふんでいれば，お母さんも一部始終に立ち会っていたわけですから，そうした経過を納得してもらえるでしょう．このような判断を躊躇して，無理に（あるいは怖々と）検査を開始して，さらに歩ちゃんの機嫌を損ねて中断を余儀なくされた場合，それが歩ちゃんの自尊心を傷つけ，お母さんにとっても納得のいかない残念な結果に終わってしまうことになります．

＊　　＊　　＊

　なお，ここでは3歳児である歩ちゃんの例をもとに導入のポイントを述べてきましたが，受検者が児童であってもその流れに大きな違いはありません．高学年の児童であっても，たとえばその児童の持つ情緒的側面の障害の影響によって，保護者が同室した状況でなお検査実施に入るか否かについての判断を要することも，現実には起こりえます．

▶ point3・その他の留意点

■1．検査場面のセッティング

　まず，子どもの体に合った座りやすい椅子や，課題に取り組みやすい高さのテーブルを用意します。また，目の前の物に手を伸ばして触れようとすることは，幼児にとってノーマルなことですから，検査道具は子どもの手の届かない位置に配置し，子どもの視界にはそのとき取り組む課題刺激だけが入るようにしておくことが求められます。これは，課題への注意を喚起してほかに注意が逸れないようにする，最低限必要な配慮です。

■2．課題はすぐに取り出せるよう準備しておく

　また，課題はテンポよく呈示することも必要です。子ども，とりわけ幼児においては注意集中が可能な時間は限られています。当然ながら，**シーン13**の例における田中ビネー知能検査Ⅴでは，実施する子どもの年齢によって，事前に検査道具には何が必要か見通しがつくものなので，それらをすぐに呈示できるように取り出して準備しておきます。呈示刺激をその都度バッグの中からごそごそと探しだして，子どもを余分に待たせるなどは論外です。

　そのような配慮のもとで実施されれば，たとえば田中ビネー知能検査Ⅴでも，検査の所要時間が比較的短くすみ，熟練した検査者が実施した場合なら30分程度で行えるため，子どもが飽きてしまったり集中できなくなったりする前に検査を終えることが可能とされています。

■3．"休憩"という検査中断が起きる原因

　特にビギナーでは，検査実施中に子どもが積木などで遊びたがってしま

い，そのため仕方なく検査の続行を一時中断して，"休憩"と称して遊ばせてしまうことがあります。しかし，それは子どもの欲求を充足させることであり，さらに刺激追求的に欲求を亢進させることにつながります。したがって，往々にして"休憩"とはならず，そのまま"遊びの時間"となって終わってしまうことが少なくありません。この点を心得ておくようにしましょう。

　検査はあくまでも検査であり，子どもは検査を受けに病院に来ているのです。遊びに来たのではありません。"休憩"と称して遊ばせてしまうのは，検査者自身の耐性の低さによって，検査者が検査実施を持ち堪えられなくなったことによって生じるものであり，子どもによって招かれたものではない，ということができます。子どもの検査者は"大人"であることがより求められます。ここでいう"大人"とは，充分に遊んだ経験を持つ者ということであり，そうした"大人"は，遊びの本当の楽しさやスリルは統制を保持しながら，欲求を充足したり退行したりすることから生まれるものであって，際限なく欲求充足を求め続けるのは遊びでなく嗜癖である，ということを知っています。これはプレイセラピストの必要条件でもあるといえるでしょう。

■4．課題の進め方

　さて，田中ビネー知能検査Ⅴに戻りましょう。この検査は，課題刺激も図版がカラー化され，用具も大型化し，子どもに親しみやすいように一新されました。しかし，それは子どもの注意を喚起し，課題への興味を持続させるための工夫であって，玩具のようになったということではありません。また実施手順も，言語課題と視覚運動性の課題が交互に呈示できるようになっています。積木やミニカーで遊ばせるのではなく，「次に何が出てくるんだろう？」という興味を惹きつけ，課題に対してスリリングに真剣に取り組ませることがすなわち"遊び"になるように，検査者は冷静に

検査を実施すること，そして，課題を完遂させて「最後までできたね」「よくやったね」と褒めてあげて子どもを帰すことが，子どもにとっては"楽しく遊んだ"ということになるのです。

■5．熟練者的視点とは

近年，注意欠陥/多動性障害（AD/HD）の鑑別補助目的で，子どもに検査を実施する場面は多くなっていると思いますが，その鑑別に必要な素材は，検査課題への回答のなかに存在するのであって，検査中遊びたがったことに求められるものではないのです。それは検査者が遊ばせるように仕向けたから遊びたがったのであって，その子どもの多動性がそうさせたのではありません。

このような心得を体現できることが熟練者ということになりますが，それが果たせれば，熟練検査者の検査において示された子どもの検査中の立ち歩きや，呈示された刺激への注意の持続困難は，それを子どもの特性に帰属させて理解することが可能になってくるのです。そして，その検査状況や行動特徴を端的に記述し考察を施すことで，依頼目的のための仕事を遂行するのです。

＊　＊　＊

以上はまさに「言うは易く行うは難し」ではありますが，そのような熟練者像を常に念頭に置きながら，日々子どもと出会っていきたいものです。

病院臨床でも子どもに実施されることの多いPFスタディは**詳説A**で，描画法については**詳説B**で，実施に際しての留意点を紹介します。

【Q1の解答】

患者である子どもに対してだけでなく，保護者の立場（子どもとの関係性，子どもの疾患や症状をどのように受け止めているか，など）にも充分配慮して対応すること。

【Q2の解答】

導入に際しては，同伴した保護者と子どもの交流のあり方を，検査者としての自らも関与しながら観察し，無理のない実施形式を判断する。

実施においては，子どもの注意や興味が持続するように真剣に実施する。子どもの歓心を得ようとする態度とならないように注意する。

詳説 A　PFスタディの実施に際して

1．PFスタディを実施する意義

　Saul RosenzweigによってSって創案された Picture-Frustration Study（PFスタディ）は，**付録のⅡ検査バッテリー**でも述べられているように，日本でも実施されることの多い心理検査です。日本版PFスタディは，1956年に児童用（4〜14歳），1957年に成人用（15歳以上），1987年に青年用（中1〜大2）と次々出版されてきましたが，特に児童用は2007年に改訂されたこともあり，医療場面でも児童を対象としたパーソナリティ検査バッテリーのひとつとしてよく実施されています。その理由としては，次のような点が考えられます。

　第一に，特に低学年の児童に対してパーソナリティ検査を行う場合，その検査バッテリーとしてはまず描画法が，児童が描画に慣れ親しんでいることから選択されやすいのですが，それに加えて実施できる検査として，質問紙法は発達的にまだ脱中心化を果たしていない（自分のことを客観的につかめない）年代であるだけに，本質的に実施できないことになります。SCTも同様の理由で選択肢から外れます。その点でPFスタディは，基本的にはRosenzweig（1978）も「できる限り自己実施の記入法で行うべき」と述べてはいますが，年齢の低い児童など，そのような標準法で実施するのが困難な場合には，口頭法で実施することも認容されています。

　口頭法とはすなわち，検査者が各場面を示しながら刺激文を読み，受検者が口頭で答えた反応をテスト用紙に検査者が記入していく方法です。この口頭法による実施が可能である点が，児童に対する幅広い適用を可能にしているということが，まず挙げられます。ただし，PFスタディは基本的に，各刺激場面において受検者は「自分ならどう答えるか」ではなく，あくまでも絵の中の

人物が言うだろうと心の中に浮かんだ最初の言葉を書くことになっているという点を，充分に認識しておく必要があります。口頭法で行う場合，その実施形式から「自分ならどう答えるか」で答えやすくなるので，教示文の「この右側の人はどのように答えるでしょう」を強調して伝えるなどの注意が必要です。

第二の点として，上記のようにあくまでも絵の中の人物が言うだろうと思う言葉を答えるという基本原則が，さまざまな投映水準で回答することを可能にするので，それが受検者にとって侵襲的とならない要素となっている点が挙げられます。

加えて，PFスタディは投映法ではあっても，すべてがフラストレーション場面で刺激の曖昧性や多義性が限られており，反応の多様性もそれほど広いとはいえないので，「制限つきの半投映法（a limited semi-projective technique）」といわれています（秦，1993）。すなわち，数ある投映法のなかでも，枠組みが最も明確で構造化されているという特徴を備えています。

これらの点から，PFスタディは検査バッテリーのなかでも，初めに児童に実施しやすいという実用上の利点を持った検査です。実施にかかる時間も 15〜30 分程度と比較的短くてすむといった利点もあります。児童の対人場面におけるアグレッションやフラストレーションの処理の特徴から，パーソナリティ特徴にアプローチできるという点からも，幅広く使われています。

2．実施上の留意点
　　——主に質疑について

PFスタディは，標準法で行うにしろ口頭法で行うにしろ，正確な記号化のために，回答後質問段階を設けることが推奨されています（Rosenzweig, 1978）。すなわち，受検者の回答を，検査者-受検者間でともに見直しをする作業です。これは，記号化が難しい簡単すぎる回答や曖昧な回答についての情報を得るために有効とされていますが，これを行う際にも，検査者は誘導的にならないように気をつける必要があります。また，場面の誤認がないかどうかを確認して適切な評定を行う目的としても，見直しは有効です。

ただし，この質問段階は，当初はいわゆる U（評点不可能）反応をで

きるだけ少なくして結果の信頼性を高める目的で推奨されたものととらえられますが，今日の青年には，このU反応のようにスコアリングに迷うような反応，すなわち，「…」と表記する無反応や，直接的に自分の攻撃性を表出せず，無視などの消極的な形で攻撃を表出する反応，さらにはまったく場面にそぐわない反応，文脈を読めない反応などが増えており，このような反応は発達障害にも多く見られるとの指摘があります（青木，2008）。石坂ら（1997）は，高機能自閉症の児童に，相手の発したことばに対する応答とつじつまの合わない反応を認め，それは，場面全体に対する理解の仕方ではなく，場面の一部に対する断片的な理解によって生じると述べています。

このように，今日PFスタディには，フラストレーションに対する反応や対処の特徴を見るだけでなく，発達障害を持つ者の対人関係認知の特徴を浮き彫りにする側面を持つことに関する注目が，集まってきています。そのような状況をふまえれば，特に発達障害特性の鑑別目的で検査を依頼されることが多くなっている現状において，正確なスコアを期するための質問段階ではなく，対人関係認知の特徴や，対人関係を構成する状況認知の個別的な特徴をうかがい知るための質問の工夫が，より検討される必要があるでしょう。

さらに，秦（1993）は，半投影法としての限界を持つPFスタディにおける工夫として，質疑段階を体系的な形で実施するための具体的方法として，「質疑法」を提唱，実施しています。これは，まず標準法に従ってPFスタディの全場面を実施した後で，「人物認知」（右側の被欲求阻止者を誰だと思ったか〈自分か他人か〉，左側の欲求阻止者を誰だと思ったかと尋ねる）と，「内的反応」（右側の被欲求阻止者と左側の欲求阻止者がそれぞれ心の中でどのように感じたか）を，各場面の欄外に記入させるという方法です。これによって，秦（1993）は，標準法では非他責的であるが内的反応では他責を示す場合を「抑制反応」とし，特に児童期に抑制反応が増大することを見出しています。

児童の心理検査において，依頼目的に応じてこのような「質疑法」を試みることで，受検者の問題の形成メカニズムの理解や，支援の手がか

りを得られる可能性が，より広がることになるでしょう。ただし，この質疑法を行うと全体の所要時間が約1時間となり，それだけ受検者に負荷をかけることになります。この試みは，受検者の内面の理解をさらに深めるための方法として提唱されたものですが，上記したように，発達的に"ウチとソト"や"表と裏"がわからない低学年の児童や，自閉的特性が明らかな子どもに対しては，必要以上の負荷をかけるものとなると思われます。

したがって，このような臨床研究知見に開かれていることは大切ですが，それを取り入れて実施するにおいては，その方法をこの受検者に行うことによって，受検者の益につながることを検査者が明確に説明できてはじめて，臨床的に価値ある試みとなるのであり，決してやみくもに行うものでないことを肝に銘じておきたいものです。

最後に，PFスタディは単独で回答できることから，SCTと同様に宿題形式で行われることも実際に少なくないようです。ただし，子どもに実施する場合には，できるだけこのような宿題形式で回答させるのは避けたほうがよいでしょう。宿題にするとどうしても保護者の管理や指示が必要となり，この点が子どものアグレッションの表現に影響を与えることになると考えられるからです。

上述した質疑法が重要である点も，同じ理由からです。実施法を充分に理解して回答しているかどうかをはじめ，検査者が傍らで見守るなかで行いたいものです。どうしても宿題形式で行わざるを得ないのであれば，こうした問題点を充分に認識した説明が必要になります。また，当然，渡すときも受け取るときもSCTと同様の配慮が必要です（**第2章の詳説B**を参照）。

詳説B　描画法について

1．描画法の実施に際して

　描画法も，ことばによる自己表現が充分でない子どもに適用されることが多い検査法です。パーソナリティ検査の一環としてのみならず，知的能力の把握という側面も併せ持っており，それを体系化したものにグッドイナフ人物画知能検査（Draw-a-Man Test：DAM）があります。

　いずれの目的で行うにしろ，その実施上の簡便性がひとつの大きな長所となっていますが，どちらの場合でも臨床的に充分な配慮が必要です。実施する側にとっては簡便で実用性が高い方法であっても，描画は，一定の視覚的刺激を用いない点で刺激が最も漠然としており，受検者が自発的・積極的に刺激を構造化していかなければならないという点で，受検者にとっては必ずしも簡便に回答できるものではないということを，心得ておくべきでしょう。充分なラポールづくりが求められる所以です。

　パーソナリティ検査バッテリーのひとつとして実施することが多い描画法ですが，充分なラポールの下に行われた描画は，受検者の内的世界を巧まずして表現するものであり，大人よりも可塑性のある子どもの描画は，とりわけ多くの豊かな情報を与えてくれます。それゆえに現場で重用されているのであり，決して簡便性だけでは生き残れないはずです。

2．描画法の種類と検査バッテリー

　描画法にもさまざまな種類があり，依頼目的に合わせてどの描画法を行うかを選択しなければなりません。主だった選択基準としては，子どもの自己像を端的につかみたいのであればバウムテスト，社会との関係性や態度も見たいのであればHTP（The House Tree Person technique），自己と社会の関係をどれほど相対的にとらえ，自己を取り巻く内外の状況をどのように構成しているかを見たいのであれば風景構成法（Landscape Montage technique：LMT），その子どもの認知する家族イメージや家族関係をとらえたいのであれば動的家族画（Kinetic Family Drawings：KFD），などといった大まかな枠組みがあるでしょう。それらを複数組み合わせて実施することが有効な場合も少なくありません。

こうした描画法の選択については，その子どものどのような側面の特徴を見たいのかといった実施目的と併せて，実施にかかる時間も検査によって異なるので，この点も考慮する要素となるでしょう。さらに，子どもの情緒の調子をうかがうには彩色法を取り入れたほうがよいといった観点や，枠付け技法を使うか否かという観点もあります。

いずれにしても，このような点は多分に経験依存的なものなので，ビギナーのうちは職場の上司やスーパーバイザーの指導を受けながら，検査者としての"経験則"をつくっていくことが熟達への早道です。

3．描画の解釈にあたって

描画法は PF スタディのような客観的な評定法を持たないというのが実際のところで，それだけに解釈には多くの経験と熟練を要します。

その解釈に際して，特にビギナーに見落とされがちなのが，描画の形式的側面の特徴です。それらを一つひとつ挙げていくと際限がなくなってしまうので割愛しますが，大きく，空間構造の形式（紙面空間をどのように使って描いたか，など），筆跡（描線）の分析（筆圧，震えの有無，連続線か破線か，など）の二つが形式的側面を見る重要な項目です。描画法というと，とかく内容（テーマ）が象徴するものを解釈するイメージを持たれやすいのですが，極端にいえば，内容面に特徴やインパクトがある描画は，それだけに誰が見ても特徴をつかめるものです。内容面にばかり頼っていると，その内容面にさしたる特徴のない描画に対する解釈の術を持てなくなってしまいます。したがって，ビギナーはむしろ，内容面よりも形式面に重きを置いた描画の解釈を学習するよう心掛けましょう。この点は，大

人の描画の解釈にも通ずる眼目です。

4．子どもの描画を解釈する前に

描画行動の獲得は，神経学的発達と不可分です。子どもの描画行動には発達段階があります。子どもの描画を見るにあたって，この発達段階を知っておくことは必須項目であるといえるでしょう。

このことは，幼児や児童に描画法をパーソナリティ検査バッテリーとして実施するに際して，なおのこと重要です。なぜなら，たとえば，家の描画に部分的な空間的歪みを認めた場合（**図 8-1**：煙突の方向），それをその子どもの家庭環境との関係における，安全感の獲得にまつわる不安を示唆する指標であるととらえるには，その子どもが"家を歪みなく描くこと"が，発達的に可能な段階であることが前提となるからです。また，その前提をクリアーしたとしても，その子どもの知的な発達の制限がそのような表現に至らしめた可能性も考える必要があります。このような点を無視して短絡的・図式的に象徴を読み取ろうとするのは，大きな誤りにつながる危険をはらんでいます。**表 8-1** に，基本的な描画発達の段階を示します。

最後に，そもそも描画時の行動観察も怠ってはなりません。鉛筆の持ち方や握り方はどうでしょう。上肢の粗大運動機能，手指の分化した動

図 8-1　児童による HTP の H（House）の絵

表 8-1　一般的な描画発達の段階

(1)　なぐり描き期（掻画期・錯画期）【1～2歳半ごろ】
　描画発達の第一段階。最初のなぐり描きは15カ月頃に見られる。何を書こうとしているのか，目的や表現の意図，構造はまったくない。たいていはジグザグで，粗雑な水平線を描く。鉛筆やクレヨンを手にした幼児が気のおもむくままに紙の上に走らせる，一種の運動機能である。これが発達すると，ぎこちない握りから次第に人差し指によって先導されるようになる。クレヨンなどの色の数が増え，次第に目的のある絵に発展する。

(2)　線描きによる象徴期【2～3歳】
　線や弧で描くようになるが，面というものの存在や面を色で塗るという表現は見られない。3歳までに，ぐるぐるや螺旋，最終的には円が描けるようになる。円は最も単純なパターンであり，子どもの知覚や概念の発達上基本的な形である。次第に何を描こうかという意識や目的が表れてきて，わからない部分について説明を求めるとその意味合いがわかることがある。

(3)　そのものらしく描く象徴期【3～5歳】
　表そうとしている内容や事柄はだいたいわかるが，絵としてはまとまりがない。用紙に自分の描いたものを大小・上下関係なく描く。4歳くらいになると，面を色で塗りつぶすようになり，カラフルになるが，並列的。円が目に見える現実の何か，おそらく頭部と関係していることにふと気づくとき，躍進が見られる。絵の特徴として人物画が多く，頭を大きく丸く描き，目や口は描くが，耳や鼻は描かないことが多々ある。頭からすぐ足を描き，発達すると，頭の下に長方形の胴体を描いてから足を描くようになる。

(4)　図式期【5～9歳】
　子ども一人ひとりの描き方の特徴が表れてきて，幼児画としても個性的な作品になってくる。形式ができてくる。絵の種別として，人物，家，樹木，花，動物，太陽，雲などが描かれる。自分の考えを伝達するために記号として図式的に描く。多数の色を用いることができるようになるが，太陽は何色，花は何色というように固定化してしまうことが多い。生活経験を主として知っているものを描く（知的リアリズムの段階）。

(5)　初期写実の時期【9～11歳】
　図式的表現を脱し，実物のように"見えているとおりに"描こうとし始める（視覚的リアリズム）。透明画（壁を通して人が見えるし，ズボンを通して足が見える）が次第に消失していく。人間は頭部が目立たなくなり，実際の釣り合いに近くなる。9～10歳までには正面でなく横顔が描かれるようになる。

(6)　偽写実の時期【11～13歳】
　準写実とか論考期ともいう。実物らしくしようとするが，まだ充分に写実表現することができない。凸凹や遠近感を表現しようとするが，大人の遠近感や陰影法によるのでなく，子どもらしい工夫による。児童画としても独特の味のある作品はこの時期のものに多い。その後，環境によるプレッシャーの影響が絵に反映され，絵で個性を表現することが少なくなってくる。青年期に近づくと，自己表現のためのほかの満足のいく形式にとってかわるようになり，才能のある者だけが続けて努力する。視覚アートに関心を失ってしまうのは，文化に関係なく多くの国の青年に観察されてきたことである。

(Di Leo, 1977 を一部改変)

き，目と手の協応には問題がないでしょうか。それ以前に椅子に着席するときの姿勢や座位はどうでしょう。それらを見た時点で年齢不相応な特徴が示されていたとすれば，それは大きな情報となります。この点を前提として描画を解釈する必要があります。この眼目は当然，描画のみならず，発達・知能検査，ひいては子どもの心理検査の実施全般に際しても重要でありながら，ビギナーには案外見過ごされやすい事柄のようです。

【第8章の文献】

青木佐奈枝（2008）：P-Fスタディ　小川俊樹編　現代のエスプリ別冊　投影法の現在　至文堂　pp.175-184.

Di Leo, J.H.(1977): *Child Development : Analysis and Synthesis.* Brunner/Mazel.（白川佳代子・石川元訳〈1999〉：絵にみる子どもの発達——分析と統合　誠信書房）

秦　一士（1993）：P-Fスタディの理論と実際　北大路書房

石坂好樹・村澤孝子・松村陽子・神尾陽子・十一元三（1997）：高機能自閉症にみられる認知障害の特質について——心理テストによる検討　児童青年精神医学とその近接領域, 38, 230-245.

小林重雄（1952）：グッドイナフ人物画知能検査ハンドブック　三京房

Rosenzweig, S. (1978): *Aggressive Behavior and the Rosenzweig Picture-frustration (P-F) Study.*（秦一士訳〈2006〉：攻撃行動とP－Fスタディ　北大路書房）

田中教育研究所編集（2003）：田中ビネー知能検査Ⅴ　田研出版

付録 ビギナーのために

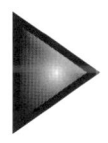

I・心理検査の学習方法

■1. 心理検査が好きであること

　臨床心理学系大学院生たちを見ていると,「早くひとつでも多くカウンセリングのケースを持ちたい」という気持ちが強く,心理検査はその付属といった感覚を持っているかのようです。臨床現場でも,「テスター」はただ検査をとっている人として肩身が狭く,「サイコセラピスト」は格好いいととらえているかのようです。そのような認知をしていると,検査を行っている自分がつまらない存在になり,心理検査も嫌々やっているような状態になってしまいます。しかし,自分が好きでないものを患者に実施するというのは,どういう影響があるかを考えてみてください。患者にとても失礼な行為である,と容易に想像できるでしょう。どんなにビギナーであったとしても,専門職として患者に実施するのです。心理検査が好きでなければ,心理検査は上達しません。これが大前提です。

　はなから「心理検査が嫌い」というビギナーに会うと,それは,指導教員やスーパーバイザーといった先輩たちの影響によるものであることが多

いようです。指導者層が若手に与える影響の多大さを感じます。臨床心理職だけでなく，どの職種においても，良いモデルになるような人物，もしくは医療機関と出会うことは，学習のモデルとして重要です。そもそも考えて"好き"にはなれませんので，良いモデルから心理検査の醍醐味に関して，実感のあるインパクトを受ける体験が望まれます。

　読者に良い出会いがあることを祈っています。

■2. スーパービジョンの必要性

　サイコセラピーが上達するためには何が大切かと臨床心理職に問えば，真っ先に，スーパービジョンを受けることが大切である，とほとんどの人が回答するでしょう。しかし，心理検査が上達するためには何が大切かと問われると，なぜかスーパービジョンはすぐに出てこないことが多いようです。しかし，基本は同じです。投映法に限らず，構造化された神経心理検査であっても質問紙法であっても，臨床実践の経験が浅い臨床心理職は，基本的にスーパービジョンを受けることが上達への道です。

　マニュアルや解説本を熟読することは，もちろんビギナーに必要ですが，それだけでは心理検査が熟達するというより，機械的かつ表面的な処理作業で終わるか，はたまた自己愛的な世界に陥る危険性が大です。そのためにも，第三者の視点が入るスーパービジョンは必要です。また，一つひとつのケースを丁寧に読み解くことの大切さからも，スーパービジョンは必要となってきます。心理検査でもサイコセラピーでも，多くのケースに接するという量の課題もありますが，一つひとつを丁寧に見ていくという質の課題が重要で，量と質の両方が熟達の必要条件です。たくさんの患者に心理検査をしているといっても，ただ流されるように仕事をしていたのでは，自分が向上していないことにすぐに気づくでしょう。

　スーパービジョンで学べる素晴らしいことは，きちんと心理検査を実施でき，数値処理やスコア（もしくはコーディング）ができるようになって

いく，といったこともありますが，スーパーバイザーが実際の心理検査場面で何をしているのか，を学べるところです。

「はじめに」で書いたように，本書を書き始めてすぐに気づいたのは，心理検査を始める前のわずかな時間に，自分たちが内的に行っていることの多さと複雑さでした。どれだけ自分が多くのことを同時にやっているのかに関して意識する，良い機会となりました。そして，それを文字にすることの難しさについても……。そのことが逆に，ビギナーが何に困っているのかに関するヒントとなりました。おそらくビギナーは，次のような思考をしているのではないでしょうか。

「まず，礼節が保たれた自己紹介をする→傾聴・共感・受容で充分にラポールをとる→検査にあたって必要なことを確実に質問する→検査実施に関して必要なことを説明する→検査実施の同意を得る」。

このような直線的な思考をしていると，時間はどんなにあっても足りません。臨床心理職は，上記のようなことを同時にしているのです。患者の気持ちに思いを馳せ，唯一無二の人として尊敬の念を抱きながら，同時に質問をしたり，アセスメントしているのです。

雑駁な書き方ですが，同時に三つのことを行っている様子をイメージしてみてください。傾聴・共感・受容を軽視しているわけではありません。ありませんが，それらは常にベースとしてあります（一つの次元）。同時に，検査実施上，どうしても必要なことを質問したりしています（もう一つの次元）。さらに，**第1章**で学んだように，対象者の意識水準（極軽度意識障害の有無を含む）であったり，検査の遂行に支障がない程度の集中力が保たれているのか等々，たくさんのことを身体内でアセスメントしています（さらに別の次元）。これらは，より良い臨床心理検査を行うことで，対象者およびそのご家族や医療スタッフの益となるために，逐次，展開していきます。長時間にならないために，効率上の問題で「同時に」やっているのではありません。「同時に」やらないと臨床心理検査になら

ないからです。こう書くと，何か手の届かない難しいアクロバットをやっているようなイメージになっても困ります。患者も私たちも，人は同時にさまざまなことをこなしながら生きています。それが臨床心理検査場面では凝縮して現れているだけです。ここらへんの醍醐味を，スーパービジョンで学んでください。

■3．個別のスーパービジョンとグループによるスーパービジョン
1）両者の特徴

スーパービジョンには，個別のスーパービジョンとグループによるものがありますが，結論からいって心理検査の場合，その両方が役立ちます。

個別の場合は，一つひとつのケースをじっくりと二人で考えられるだけでなく，職場における自分の立ち位置を含めて，心理検査データの背景にある環境そのものをスーパーバイザーに相談することもできるでしょう。ふだん，学会や大きな研修会では聞きづらい質問も，二人きりならしやすいでしょう。

一方で，グループによる心理検査のスーパービジョンも予想以上に役立ちます。できればクローズドのグループで，定期的に開催されているものが望ましいです。参加者の臨床背景や人柄などがある程度わかったうえで，みんなで心理検査を紐解く体験は，臨床スキルの向上につながります。心理検査の熟達度がやや違っていても，大丈夫です。臨床経験が浅い人は先輩たちから学ぶこと大でしょうし，経験が豊富な人も，他の人に構成概念をわかりやすく説明するというのは，いくら向上を目指しても届かないくらい難しいものです。誰にとっても，自分の考えを言葉にしてみるという貴重な時間になるでしょう。

2）どうすれば個別スーパービジョンを受けられるのか

スーパーバイザーとスーパーバイジーにも相性がありますから，自分がその人に受けてみたいと思うスーパーバイザーを選択するのが，後悔しな

い方法です。具体的には，指導教員を通じて紹介してもらう，同じく知人を通じて紹介してもらう，学会や研修会などで思い切って声をかけてみる，お手紙でお願いするなど，さまざまな方法があるでしょう。

　その前に，できれば本だけではなく，その人がケースについて語っている場面に参加して，個人的に"こうなれたらいい"とか"こうなりたい"といったように憧れることができ，実感を持って尊敬できる人物かどうかを見極めることをお勧めします。高名でなくても優秀な臨床家はたくさん存在します。研修会でも充分です。

　ここで，地域の問題に触れないわけにはいかないでしょう。残念なことに，臨床心理職は地域によって人数の偏りがあり，都市圏に集中する傾向があります。しかし，受けたいと思う気持ち，自分が向上したいという気持ちがあれば，隣の県に車を飛ばして行くことも可能でしょう。飛行機で月に一度，スーパービジョンを受けに行っているという人も稀ではありません。この職業は自分の資質が命で，それがスキルダウンすると食べていけませんから，ビギナーの間に自己投資するのは，専門家として当然のことと考えてください。

3）クローズドのグループ・スーパービジョンに入るには

　希望するスーパーバイザーが，クローズドのグループ・スーパービジョンしか開催していないという場合もあるでしょう。どのようにすれば入れてもらえるのでしょうか。現在そのグループに入っている人と知り合いになって紹介してもらったり，主催者（希望するスーパーバイザー本人）に希望を伝えておくのが近道ですが，空きがないことも多く，たとえ空きがあったとしても信頼に足る存在にならないと入れてもらえないことも間々あるでしょう。それは，差別でもいじめでもありません。専門職のグループなのですから，ある基準を求められることは当たり前のことです。入りたいグループに知り合いがいないこともあるでしょう。しかし，粘り強く望んでいれば，いつか何らかの形で道は拓かれるでしょう。

さて，以上を前提として，スーパービジョン以外の学習方法について，以下に述べます。

■4．スーパービジョン以外の学習方法

1）事例と心理検査結果の照らし合わせ

たとえば，ロールシャッハ法を実施した後に，自分が臨床心理面接を担当したケースがあるとしましょう。面接を始める前にロールシャッハ法を読み返すことは誰もがすると思いますが，面接が継続されてしばらくしてから，ロールシャッハ法のプロトコルを振り返って読み込んでみてください。特に，面接が行き詰まっているときにこれをやると，ずいぶん得ることがあると思います。

このように，事例と心理検査結果を照らし合わせることを習慣づけておくと，心理検査を実施したときは気づかなかった多くのことが，得られるようになるでしょう。ただ，注意として，ここでいう「心理検査結果」とは，「所見」のことではないということです。ローデータにあたることが大切です。ときどき，「読み返したけどあまり新たな発見はなかった」という感想を言う人に尋ねると，WAIS-Ⅲであれば，表面的な数値だけをなぞって見ていることが多いように思います。ローデータは臨床のヒントになる素材の宝庫ですので，ローデータにあたってください。そのためにも，各医療機関で，ローデータをすぐ取り出せるようにナンバリングして整理して保管することも必要で，それは臨床心理職の仕事です。

2）学会や研修会の参加

本当に心理検査が上達したいと思ったら，数年間をそれに充てるとよいように思います。思い切って「これから3年は〇〇検査を学ぶ！」と決めて，関係する学会や研修会に集中して出てみる，というのも意味あることでしょう。しかし，これも地域格差があり，都市部に学会や研修会が集中してしまうのですが，橘（2007）が語っているように，複数の仲間で自主

的に読書会や勉強会を立ち上げ，そこに心理検査の達人を呼んで皆で学んでいく，といったやり方をすれば，どの地域でもある程度の学習が積めることになります。大学院生時代からできることではないでしょうか。

3）新しい心理検査

新しい心理検査が発売され，導入されたら，まずは自分が受けてみることをお勧めします。同僚や仲間に依頼して，テスターをやってもらいましょう。無理ならば，自分で二役をやるしかなくなります。受検者がどのような経験をするのかについて，基盤となる体験となるでしょう。自分で受けたら，自分で処理して，自分で所見を書いてみます。それから，後述の文献講読を中心とした理論学習をします。

さらに，誰か健常者に依頼して練習をします。もちろん，倫理面に配慮して，「これは練習なのだ」とちゃんと断ってください。練習をしないと本番でミスをしてデータをダメにしてしまいますから，練習は必要です。手伝ってくれた健常者には，遠慮なく感想を聞きます。自分の普段のクセを指摘されることが多く，学びになると思います。

4）文献講読

マニュアルを熟読することを上述しましたが，意外に全部をきちんと読む人は少ないようです。実施方法や採点方法のところは皆さん読みますが，その検査ができた歴史や使用されている概念などについて触れようとしないと，ビギナーの頃は何とかなっても，中盤で専門職として伸びないことになってしまいます。一度は，頑張ってマニュアルの頭から全部を通して読みましょう。思いもかけないような知識が載っているはずです。解説本も同様です。理論学習のためには文献講読が必要です。

また，心理検査分野は日進月歩です。新しい知見がどんどん出てきます。関連する論文を読み続けることも必要です。かといって，忙しい臨床現場に勤めていて，毎日，論文ばかり読んでいるわけにはいかないでしょう。これにはコツがあります。心理検査関連の情報が載る雑誌は比較的，

限られていますし,今はインターネットを用いた文献検索ツールが格段に進歩していますので,ときどきチェックして,まずはタイトルから選びます。そして,論文全部を読もうとせずに,論文の要旨(abstract)を読めば全体がおおよそ見えてきます。さらに本文を読みたいと思ったら,それから読めばいいのです。また,英文の論文が不得手な方は,本文を読む前に図や表を先に見ることをお勧めします。調査研究において,図や表はその論文の結果そのものを示していることも多いので,論文を読むのが楽になると思います。試してみてください。

5) 心理検査実施場面もしくはフィードバック場面への陪席

臨床経験豊富な先輩たちが心理検査を実施する場面,もしくは心理検査結果をフィードバックする場面へ陪席させてもらえる機会は,ビギナーにとって貴重です。いきなりは無理でも,希望しておけば,いつかチャンスが訪れるでしょう。

ここまでを含む,臨床現場におけるビギナーの学習については,心理検査に限ったことではなく全般について書かれていますが,**表付-1**(津川,2003を改変)も参照してください。

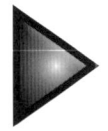

Ⅱ・検査バッテリー

■1. 検査バッテリーの定義

検査バッテリー(テスト・バッテリーともいう)の定義は,通常,次のようなものでしょう。「検査バッテリーとは,臨床場面において,対象をより多角的・多層的に理解するために,いくつかの検査を組み合わせて実施すること,もしくはその組み合わせ方のこと」。例えてみるなら,脳の写真を撮る際に,たった1枚だけ撮るよりも,何枚か撮ったほうが確実になり,それもただ同じ方向から同じ部位を撮るのではなく,いろいろな角

表付-1　医療における臨床心理職の学習プロセス（津川, 2003 を一部改変）

	現場研修前の数年間	現場研修数年間	臨床心理士になってから	中堅臨床心理士になる
社会人マナー	最低限のマナーを身につける	→	→	雑になっている自分に気づくこと
文献学習	古典・必読書・専門文献・最新文献	→	持続（特に最新の知識）	必要に応じて作る側へ
自主的ワーク問題	初歩的問題・状況設定問題	→	→	→
グループ体験	いつでもスタート → 段階的に時間を延長していく	機会があるごとに	業務となる・新たな技法を身につける際に	スタッフのリーダー側へ
ロールプレイ	いつでもスタート → 短時間 → 段階的に時間を延長していく	機会があるごとに	機会があるごとに	教える側
施設見学		自ら受検・理論学習	機会があるごとに	教える側に
心理検査		自ら受検・理論学習 → 臨床群・健常群・解釈の鍛練 +FB陪席 +FB数年+最新知識	数年+最新知識	機会があるごとに 教える側
研修会・学会参加		院生時代からスタート → 卒論や修論を学会で発表する → 自分の事例を発表する → チームで発表するまとめる役になる	行政について学ぶ・最新知識の習得	教える側へ
倫理・法律知識	倫理は院生時代に基礎を学ぶ	→	法律知識を得る → 常に向上を目指す	終わりなし
緊急支援		事前学習 → 現場学習	→	終わりなし
インテーク陪席		陪席		陪席をさせる側へ
面接の陪席		陪席 → 機会があれば		
インテーク		インテーク開始 → 数年は続ける		
資料閲覧		閲覧 → 作成技術を学ぶ → 業務となる → 創意工夫を	後輩達へノウハウを伝達	教える側へ
事例検討会		参加 → 参加・発言 → 発表側になる → 討論	検討会の主催者側に	
心理療法		見学 → 参加・ミーティング → 心理実習生として参加 → スタッフに・理論学習を	リーダーに	
機械活動		見学参加 → 現場学習 → スタッフに・理論学習を → 直接関与 → 社会の動向を把握 → 徐々に運営側	若手臨床心理の指導の立場に	
デイケアなど		観察・随行 → 横の繋がりを広げ続ける → 徐々に広がりを焦点づける	職能活動などでさらに拡充	
組織運営		施行カウンセリング → 研修事例 → 本事例へ	主体的	
リファー				終わりなし
地域援助活動		見学 → 本事例として（必SV）		
臨床心理相談		見学 → 電話相談技術の習得へ → 電話場面での電話対応力向上	危機場面での電話対応力向上	
個人心理療法		開始 → 数年間	再び自分が受けたいと思ったときに	
電話相談技術		スタート、少なくとも10年は持続して受ける		SVをする側へ
教育のSV		会員となる・協力する委員になる・役員になる・未来を開拓してゆく		
事例のSV				
職能団体の活動				

注）FB＝フィードバック面接，SV＝スーパービジョン

度からいろいろな部位を撮るほうがよいようなものです。だからといって，やみくもに何千枚もの写真を撮ればいいというものでもありません。それでは対象者が疲弊してしまううえにコストが膨大にかかり，かえって結果の解析も混乱してしまいます。適切な写真を何枚かを撮るように，心理検査も検査目的に合わせていくつかが選ばれることになります。

■2．検査バッテリーの実際

　実際には，入院であっても外来であっても1，2回で終了できるように，多くても5種類以内が選ばれることが多く，2～4種類が最頻値ではないかと思われますが，このような臨床現場の実際の様子は，少なくとも日本では驚くほどデータとして把握されていません。おそらく，各々の医療機関における慣習や，スーパーバイザーの指導によって実施されているのが実状でしょう。

　ましてや，どのような目的に対してどのような心理検査が選ばれるべきであるか，といった重要な点に関しては，必ずしもエビデンスが整っているとはいえません。しかし，ビギナーにとって，何も基準がなければどうしていいのかわからないはずですから，206-207頁の**図付-1**を参照してください。これは，検査バッテリーの選択方法を，ビギナーにわかるように説明した図（津川，2001）を改変したものです。

　基本は，器質疾患やそれに準じるような障害が疑われる場合は，関係する心理検査を先に選択して，検査の順番も先に実施してしまうことにあります。理由はしごく単純で，器質疾患の有無は，ときに生命の問題も含めて治療に多大な影響をもたらすからですが，心理検査上も，器質疾患があるとデータにさまざまな影響が出ますので，先に実施しておいたほうが，後の検査の実施や解釈が断然楽になるからです。より重要なことから先に想定するという点で，精神障害の鑑別の基本と同じことです。この一文が不明なビギナーは，津川（2009）の第10章を参照してください。

■3．心理検査の種類

　本書でも代表的な心理検査について触れていますが，心理検査の種類は増える一方です。名前は聞いたことがあるけれど，学部・大学院時代に実習で直接に習えなかった心理検査のほうが多いはずですので，どの心理検査がどのような特徴を持っているのかに関して，日本で用いられている心理検査を網羅しようとしている成書を紹介します。上里（2001）と小山（2008）があります。2冊とも値段的に高い本ですから，職場で購入してもらって，辞書代わりに有効活用してください。

■4．現実の臨床場面では

　日本において，臨床心理職がどんな心理検査を実際に用いているのかに関する調査は，小川ら（2005）のものがあります。208頁の**表付-2**を見てください。上位ランク12の心理検査のうち，バウムテスト，HTP，風景構成法，DAPと，描画法が四つも入っています。日本では描画法がよく用いられていることがわかります。次に多いのは，神経心理検査類です。WAIS，WISC，ビネー式知能検査と三つが入っています。そして投映法が，SCT，ロールシャッハ，PFスタディと三つ入っています。

　この小川ら（2005）の調査が現実を反映していて，現実の臨床場面では，描画法が一つ選ばれ，ロールシャッハ法が選ばれ，必要なケースにWechsler検査が一つ選ばれ，それにSCTもしくは感情状態を評価する尺度（SDSなど）が加わるといったものが典型と思われます。

　米国で盛んに用いられているMMPIが，日本でいかに使用されていないかという事実が典型的に物語っているように，MMPIに限らず，医療場面だけにも限らず，いろいろな臨床現場における質問紙法の存在の薄さは際立っています。**表付-2**のなかでも，質問紙法は二つ入っているだけです。その背景にある種々の要因に関しては，本論の主眼でないため割愛

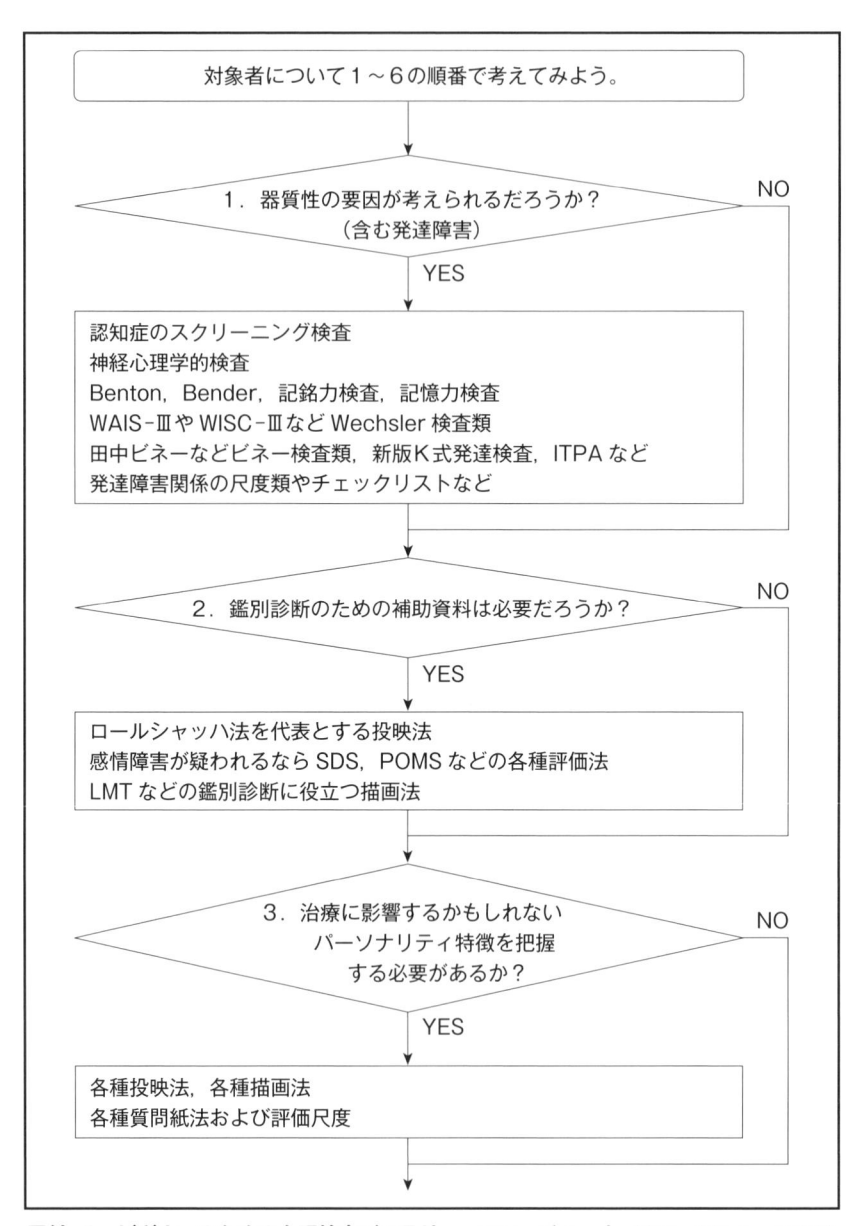

```
┌─────────────────────────────────────┐
│  対象者について1~6の順番で考えてみよう。  │
└─────────────────────────────────────┘
                    ↓
         ╱╲
        ╱  ╲  1. 器質性の要因が考えられるだろうか?    NO
       ╱    ╲       (含む発達障害)              ────→
        ╲  ╱
         ╲╱
         YES
          ↓
┌─────────────────────────────────────┐
│ 認知症のスクリーニング検査              │
│ 神経心理学的検査                      │
│ Benton, Bender, 記銘力検査, 記憶力検査 │
│ WAIS-ⅢやWISC-ⅢなどWechsler検査類    │
│ 田中ビネーなどビネー検査類, 新版K式発達検査, ITPAなど │
│ 発達障害関係の尺度類やチェックリストなど   │
└─────────────────────────────────────┘
                    ↓
         ╱╲
        ╱  ╲  2. 鑑別診断のための補助資料は必要だろうか?   NO
       ╱    ╲                                    ────→
        ╲  ╱
         ╲╱
         YES
          ↓
┌─────────────────────────────────────┐
│ ロールシャッハ法を代表とする投映法         │
│ 感情障害が疑われるならSDS, POMSなどの各種評価法 │
│ LMTなどの鑑別診断に役立つ描画法          │
└─────────────────────────────────────┘
                    ↓
         ╱╲
        ╱  ╲  3. 治療に影響するかもしれない       NO
       ╱    ╲    パーソナリティ特徴を把握       ────→
        ╲  ╱     する必要があるか?
         ╲╱
         YES
          ↓
┌─────────────────────────────────────┐
│ 各種投映法, 各種描画法                 │
│ 各種質問紙法および評価尺度              │
└─────────────────────────────────────┘
                    ↓
```

図付-1 ビギナーのための心理検査バッテリー・フローチャート (津川, 2001を一部改変)

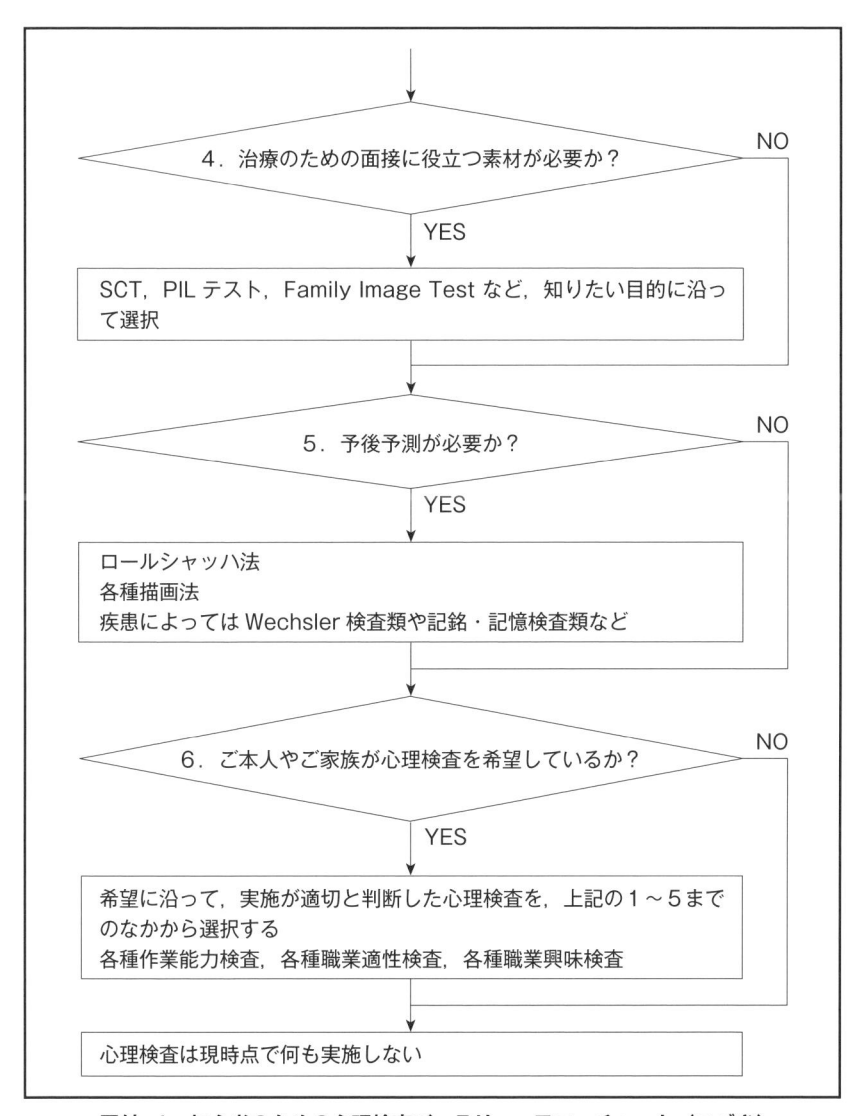

```
         ↓
  ◇ 4．治療のための面接に役立つ素材が必要か？ ◇ ──NO──→
                    │
                   YES
                    ↓
  ┌─────────────────────────────────────┐
  │ SCT，PIL テスト，Family Image Test など，知りたい目的に沿っ │
  │ て選択                              │
  └─────────────────────────────────────┘
                    ↓
  ◇ 5．予後予測が必要か？ ◇ ──NO──→
                    │
                   YES
                    ↓
  ┌─────────────────────────────────────┐
  │ ロールシャッハ法                         │
  │ 各種描画法                            │
  │ 疾患によっては Wechsler 検査類や記銘・記憶検査類など      │
  └─────────────────────────────────────┘
                    ↓
  ◇ 6．ご本人やご家族が心理検査を希望しているか？ ◇ ──NO──→
                    │
                   YES
                    ↓
  ┌─────────────────────────────────────┐
  │ 希望に沿って，実施が適切と判断した心理検査を，上記の1～5まで │
  │ のなかから選択する                         │
  │ 各種作業能力検査，各種職業適性検査，各種職業興味検査       │
  └─────────────────────────────────────┘
                    ↓
  ┌─────────────────────────────────────┐
  │ 心理検査は現時点で何も実施しない                   │
  └─────────────────────────────────────┘
```

図付-1　初心者のための心理検査バッテリー・フローチャート（つづき）

表付-2 心理臨床における各種心理テスト採用頻度 (小川ら，2005)

調査年度	2004年							1997年	1986年
心理検査名	常に	頻繁に	適度に	稀に	使用せず	N	順位	順位	順位
バウムテスト	16%	32%	24%	14%	15%	95	1	1	3
SCT	17	22	26	12	23	94	2	3	2
ロールシャッハ	19	21	20	21	19	95	3	2	1
TEG	10	15	32	11	32	91	4	—	—
WAIS	14	18	18	11	40	94	5	7	4
HTP	9	17	26	22	28	90	5	5	8
WISC	14	17	19	12	39	95	7	8	7
風景構成法	1	17	26	19	37	91	8	13	—
Y-G	2	12	28	32	27	94	9	4	6
ビネー式知能検査	10	9	19	17	45	93	10	6	5
DAP	3	12	21	17	47	91	11	10	12
PFスタディ	4	14	15	23	44	92	12	9	9

しますが，21世紀に心理検査が適切に発展するために，これがゆゆしき問題であることはいうまでもありません。これからを担うビギナーは，積極的に新しい質問紙法にチャレンジしていってほしいと願っています。臨床に役立つ質問紙を現場から生み出せるような未来にしたいですね（津川，2010）。

■5．診療保険点数の対象となっている心理検査

2年に一度は変更され，増え続けています。ですので，本書に掲載してもすぐに変わってしまうと思われますが，**第2章の表2-1**に掲載しました。参考程度にしてください。

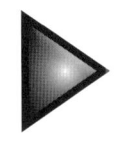

III・検査結果のフィードバック

■1．フィードバックの前提

　検査結果のフィードバックは，治療や支援に役立たせるために行うものです。血液検査ひとつとっても，その結果の伝え方は医師によってさまざまで，患者を安心させるために「異常ありません」という一言で終わらせる医師もいるでしょうし，正常域に入っていたとしても，細かな説明を行う医師もいるでしょう。どのやり方が絶対的に正しいとは一概にはいえません。医療施設によって，医師によって，さまざまな考え方，やり方があるでしょう。心理検査結果のフィードバックも同様です。

　一方で，「医師にすべてお任せ」というより，「自分が受けた検査の結果は詳しく知りたい」という方向に世の中は動いていますので，心理検査のフィードバックに関しても，その需要が高まっていくことと思います。臨床心理職に要請される能力のうち，ますます大切な能力になっていくでしょう。そして，心理検査の実施やフィードバックなど，狭義の心理アセスメントそのものをセラピーの中心技法として用い，実り多い成果をあげているFinn（2007）らの臨床活動を見ると，自分もすぐそういうことができるような気になってしまうビギナーもいるかもしれません。しかし，検査結果のフィードバックは上級者コースの業務です。ぜひあわてないでください。

■2．検査結果のフィードバック方法

　医療機関によって大きく違うでしょう。統合失調症の方々が主体の単科精神科病院であれば，主治医に口頭および報告書として心理検査結果を提出し，医師が簡単にその結果を本人にフィードバックして終了という場合

が多いでしょう。横着しているのではありません。この場合は，医師や看護師など，医療スタッフのほうが患者の状態像をあらためてよく把握し，それを治療に活かすという心理検査の使い方をしていることになります。ご本人に思考障害が強い場合などは，このような方法が安全です。

　逆に，軽症のうつ病圏が多い精神科クリニックであれば，自己理解のために詳しい心理検査結果を求める患者が多くなり，医師が診察時に簡単に結果を伝えたあと，臨床心理職が詳しく説明する「フィードバック面接」の時間を設けているところも，多いと思います。心理検査の実施後，心理カウンセリングないしサイコセラピーが導入される場合は別として，フィードバック面接だけが単体として行われる場合，スキルをかなり要します。なぜかというと，その後，継続的にご本人とお会いするのであれば，1回のフィードバックでご本人が全部理解できなくても，その後で話し合うことができます。それに比べて，1回のフィードバック面接は，そのなかで，治療全体の流れを妨げず，かつ患者の今後に確実に役立ち，1回で患者が理解できる範囲のものを抽出して，それをわかりやすく伝え，短い時間で話し合う，という高等臨床能力が必要だからです。おそらく，フィードバック面接で実り多い仕事ができるようになるのは，かなり先のことと考えましょう。繰り返しますが，あわてずにいてください。前述のように，先輩たちのフィードバック面接に陪席できる機会があれば，それは絶好の学習チャンスです！

【付録の文献】

上里一郎（2001）：心理アセスメントハンドブック〔第2版〕　西村書店

Finn, S. E.（2007）：*In Our Clients Shoes : Theory Techniques of Therapeutic Assessment.*（Lea's Counseling and Psychotherapy）. Lawrence Erlbaum Associates.

小山充道（2008）：必携　臨床心理アセスメント　金剛出版

小川俊樹・福森崇貴・角田陽子（2005）：心理臨床の場における心理検査の使用頻度につ

いて　日本心理臨床学会第24回大会発表論文集　p.263.
橘　玲子(2007)：医療に生きる　津川律子・安齊順子編　インタビュー臨床心理士1　誠信書房　pp.66-86.
津川律子(2001)：心理検査　平木典子・袰岩秀章編著　カウンセリングの技法――臨床の知を身につける　北樹出版　pp.82-88.
津川律子(2003)：臨床心理実習2――現場研修　大塚義孝ほか監修　臨床心理学全書4　下山晴彦編　臨床心理実習論　誠信書房　pp.369-398.
津川律子(2009)：精神科臨床における心理アセスメント入門　金剛出版　pp.161-176.
津川律子(2010)：臨床から　坂本真士・杉山　崇・伊藤絵美編　臨床に活かす基礎心理学　東京大学出版会　pp.180-181.

おわりに

　心理検査を用いた臨床心理アセスメントの仕事は，筆者が臨床心理職に就いてからの中心業務であり，それは現在も変わらない。教職を主としている今もこの業務を手放せないのは，本書を脱稿した今，やはり素朴に好きだからなのだとあらためて思っている。
　ビギナーの頃，毎回解釈や所見作成の作業に悪戦苦闘するなか，早く楽にこの作業を行えるようになりたいと思って，グループスーパービジョンに出席したり，学会発表に参加したりしていた。そこで，ベテランの先生によるロールシャッハ法の図版を受検者が体験するプロセスを追っていく作業を通して，なんと生き生きとその人の特徴が浮かび上がってくることか，「すごい！」と感じたインパクトが，初期経験として刷り込まれている。それが「好き」の源である。もっとも，現在も検査結果を楽に解釈するなど到底できるものでなく，むしろそのようなことは人間理解においてあり得ないのだという認識に至っている。まさに王道なしである。それでも，かつての「すごい！」は自分のなかにしっかり息づいている。やはり好きでなければ続けていけるものではない。
　いつしか後進を教育する立場に身を置くようになったが，この「すごい！」をビギナーに伝えることが現在の大目標である。しかし，「すごい！」と感銘する以前に，もっと本質的に重要な事柄があることを痛感させられた。教える立場に立つことで，ビギナーの課題を明確に教えられるようになったのである。それはすなわち，ビギナー時代の自分の課題でもあったのだが，いかにして受検者と出会うか，いかにして検査状況を司り，そのなかでいかに受検者と交流しながらアセスメントするか，アセスメントしながら受検者と交流するか。そのような基本的な臨床マナーを自分のものにできないことに

は，いつまで経っても「すごい！」は蜃気楼のごとく，つかめるものでないことを認識するに至った。臨床心理アセスメントとはそうした臨床マナーの体現を基礎として可能となる本当に地道な作業である。そうなると，ビギナーのスーパービジョンにおいて，この点の検討に多くの時間を費やさないわけにはいかなくなった。一事例の検討に何時間あっても足りない状況となり，そのなかで，解釈のための解説書は多くあっても，このような臨床マナーをまとめて解説した文献はごく希少であるという状況を知った。

　そんな折しも，日大細木ゼミの先輩であり，いま同じ場でともに臨床教育に携わっている津川律子先生から，本書執筆のお声がかかったのである。その必要性については大いに共鳴するものであったが，自分がそれを書くとは正直なところまったく思っていなかった。筆者にとって「すごい！」の源のひとつが細木ゼミであり，"津川先輩"はそのリーダー格であった。近いうちに先生が書いてくれるものと勝手に思っていたのだ。

　そんな困惑をものともしない津川先生の巧みな（？）お誘いに乗せられていざ執筆の段に入ったのだが，もともと遅筆であるうえに同時処理能力を欠いているので，先生を随分ヒヤヒヤさせてしまった。それでも，多くの時間を忍耐強く待っていただき，ここぞというときに激励いただいたことによって，ようやくこの段階にたどりつくことができた。楽屋裏を晒すようで恐縮だが，この場を借りて感謝を申し述べたい。

　本書は「初歩の初歩」を目下学んでいるビギナーを念頭において書かれたものだが，教育・臨床現場でそのようなビギナーの指導にあたっておられる臨床心理職の先生がたにもぜひご批評いただければと思っている。今日の状況において，臨床教育にあたる指導者層にある者同士が相互研鑽していくことの必要性を痛感するからである。この点で，この数年来このテーマでともに学ばせていただいている，秋谷たつ子先生をはじめとした日本ロールシャッハ学会教育・研修委員会ワーキンググループの先生がたにも御礼申し上げたい。先生がたとの刺激的な相互学習の経験も，本書執筆に際して大きな力となった。

本書の執筆は，第1・2・6・7章，付録を津川，第3・4・5・8章を篠竹がそれぞれ分担したが，すべての章を草稿の段階で互いに加筆・構成して仕上げたものである。その行程では，誠信書房編集部の中澤美穂氏に的確なアドバイスをいただいた。中澤氏と，それを支援してくださった松山由理子氏に感謝の意を表したい。

　そして，故細木照敏先生との出会いがなければ，今の「好き」の源となった細木ゼミとの出会いもなかった。自分がこのような立場になり，あらためて"師"が心の中にいることの有り難さを実感している。私からも最後にもう一度，「ありがとうございました」。

　　2010年5月25日　細木照敏先生が天に召された日に

　　　　　　　　　　　　　　　　　　　　　　　　　　篠竹　利和

索　引

ア　行

ITPA 言語学習能力診断検査　　107, 122
アカシジア　　25
アメンチア　　23
意識狭縮　　22, 23
意識混濁　　22, 23
意識障害　　7, 19, 20, 21
　──の分類　　22
　軽度──　　20, 21
意識水準　　7, 19
意識変容　　23
意識レベル　　7, 19, 20
Ⅰ図版　　137, 148
　──がもたらすもの　　138
依頼目的　　2
　──の確認　　62
医療保護入院　　5, 17
陰性症状　　5
インフォームド・コンセント　　44, 53, 66
WISC-Ⅲ　　107, 205
WAIS-R の簡易実施法　　66
WAIS-Ⅲ　　55, 61, 64, 66, 83, 84, 90, 91, 92, 102, 105, 200, 205
　──の4群指数　　114
　──の解釈手順　　110
WAIS-Ⅳ　　116
ウェクスラー法　　65
うつ病　　23, 24
SLTA（Standard Language Test of Aphasia）　　100
SCT　　28, 34, 40, 186, 189, 205
　──実施にあたっての配慮事項　　51
　──の特徴　　50
　──の渡し方　　40, 50
SDS　　47, 86, 87, 89, 90, 95, 205
HDS-R（長谷川式認知症スケール）　　64, 70
HTP　　190, 192, 205
MMSE（Mini-Mental Status Examination）　　64, 71
MMS 言語記憶検査　　64, 70
MMPI　　47, 205
オーケストラ理論　　160

カ　行

外因　　20
下位検査　　117, 118, 124, 126
家族歴　　81, 88
課題状況　　104, 105
片口法　　148, 149, 150, 151
カルテを読む　　77, 78, 79
眼球上転　　26
患者の確認　　2, 29
患者の同定　　30
感情状態の把握　　166
鑑別診断の補助　　12
鑑別補助となる根拠　　164
器質性障害　　6
Ⅸ図版　　151
急性ジストニア　　26
境界水準（BPO）　　109
極低体重出生児出身児　　172
群指数　　103, 107, 111, 113, 114
K-ABC 心理アセスメント・バッテリー　　107, 122
KFD（動的家族画）　　191
健康保険区分　　84
言語性IQ（VIQ）　　103, 111, 113, 115
言語性課題　　117
言語性検査　　62
検査開始後の変更　　181
検査結果に関する問いかけ　　41
検査結果のフィードバック　　209

検査室誘導　178, 180
検査中断　182
検察官通報（第25条）　18
検査バッテリー　9, 64, 186, 190
　——の実際　204
　——の定義　202
検査バッテリー・フローチャート　206, 207
検査場面のセッティング　182
検査目的　2
　——の質問　3
　——の説明　41
検査用紙の回収　40
見当識　65
健忘症　90
高次脳機能障害　98
構造化　108
構造的-非構造的　104
口頭法　186, 187
V図版　149
コース立方体組み合わせテスト　66, 73
コンディションの確認　37
昏蒙　23

サ　行

再検査　9, 14, 15
彩色法　191
錯語　88, 91
Ⅲ図版　137, 149
　——がもたらすもの　144
CES-D　96
JART（Japanese Adult Reading Test）　65, 71
JCS（Japan Coma Scale）　19, 20
ジェットコースター理論　137, 150, 156
CMI　47
自己認知　168, 169
GCS（Glasgow Coma Scale）　21
質疑法　188
失語　98
　——のアセスメント　100

失行　100
失語症　88, 99
失算　119
失書　99
失読　99
失認　100
X図版　151
受検に関する問いかけ　34, 36
受検に関する返答　35, 36
受検後の感想についての問いかけ　40
受検歴　38, 47
主症状　59, 79, 85
受診科の確認　58
主要精神症状　5
障害年金の申請　13, 65, 105
情報処理過程　166
所要時間　42
自立支援医療　84
自律神経症状　7
心因　20
神経症水準（NPO）　109
神経心理学的アセスメント　88, 98
神経心理学的心理検査　105
身体状況の確認　6
新版K式発達検査2001　123
信頼区間　113
心理検査導入　176, 177
心理検査の学習方法　195
心理検査の終了　154
心理検査申込票　57
診療情報提供書　80
診療保険点数　48, 49, 84, 208
錐体外路症状　7, 25
　薬原性——　26
鈴木ビネー知能検査　65, 73
スーパービジョン　44, 196
　グループの——　199
　個別の——　198
3D　23
生育歴　81, 88
精神鑑定　15

精神状態の確認　4
精神病水準（PPO）　109
精神保健福祉法　5, 17
清明度　22, 23
全検査 IQ　111
　　──の解釈　113
せん妄　21, 23, 24
総合周産期母子医療センター　172
措置入院　5, 17

タ　行

体験型　169, 170, 171
代謝内分泌系症状　7
対処様式（スタイル）　169, 170, 171
対人状況　104, 105
対人認知　168
代替検査　65
多飲水症状　7
田中ビネー知能検査Ⅴ　65, 72, 182
WAB 失語症検査日本版　100
WCST（ウィスコンシン・カード・ソーティング・テスト）　75
チェックリスト　87, 96
知能検査　48
　　──の実施目的　106
遅発性ジスキネジア　25
注意欠陥／多動性障害（AD/HD）　184
疲れ　155, 163
　　──のケア　158
　　──の要因　156
　　質問段階での──　157
　　受検者の──　156
DAM（グッドイナフ人物画知能検査）　190
TAT　47
DN-CAS（Das・Naglieri Cognitive Assessment System）　107, 123
DAP　205
低 Na 血症　7
適応　174
てんかん発作　7

同意　43
　　受検の──　43
動作性　8
動作性 IQ（PIQ）　103, 111, 113, 115
動作性課題　117
動作性検査　62

ナ　行

内因　20
内的侵襲性　13
Ⅶ図版　150
24 条通報　17
Ⅱ図版　137, 148
　　──がもたらすもの　143
日本版 WAIS-R 簡易実施法　74
日本版 WMS-R　64, 69
日本版 BDI-Ⅱ　96
任意入院　5, 17
認知症　23, 24, 64

ハ　行

バウムテスト　47, 190, 205
パーキンソニズム　7, 25
　　薬剤性──　25
パーセンタイル順位　112
Ⅷ図版　151
母親参照機能　175
ハミルトンうつ病尺度　89, 90
PF スタディ　184, 191, 205
　　──の実施　186
　　日本版──　186
非構造的　104
非知の要因　91, 107
ビネー式知能検査　205
描画発達の段階　192, 193
描画法　28, 159, 184, 190
病態水準　106, 108, 109, 155
風景構成法　191, 205
副作用症状　7

プロフィール分析　*116*
文献購読　*201*
分裂　*109*
ベントン視覚記銘検査　*64, 69*
包括システム　*148, 149, 150, 151, 168*
保護室　*15*
保護者　*174*
　——とのラポールづくり　*176*
　——の同席　*178, 180*

マ 行

明識困難状態　*23*
もうろう状態　*23*

ヤ 行

予後の予測　*13*
Ⅳ図版　*149*

ラ 行

ラテラリティー　*6*
ラポール　*27, 28, 45, 136, 175, 197*
臨床心理・神経心理検査　*48, 49*
臨床心理面接　*13*
倫理　*15*
レーブン色彩マトリックス検査　*75*
Ⅵ図版　*150*
ロールシャッハ図版　*147*
　——の持つ特徴　*148*
ロールシャッハ法　*28, 47, 109, 130, 151, 153, 164, 200, 205*

ワ 行

枠付け技法　*191*

■著者紹介

津川律子（つがわ　りつこ）
現　在：日本大学文理学部心理学科教授
（一社）日本臨床心理士会会長，包括システムによる日本ロールシャッハ学会副会長，日本精神衛生学会常任理事，日本心理臨床学会理事，日本うつ病学会評議員，（公社）日本心理学会代議員，大学病院心理臨床家の集い代表幹事
主著書：『シナリオで学ぶ心理専門職の連携・協働――領域別にみる多職種との業務の実際』（共編著）誠信書房 2018，『心の専門家が出会う法律――臨床実践のために〔新版〕』（共編著）誠信書房 2016，『初心者のための臨床心理学研究実践マニュアル〔第 2 版〕』（共著）金剛出版 2011，『精神科臨床における心理アセスメント』（単著）金剛出版 2009　など

篠竹利和（しのたけ　としかず）
現　在：東京医科歯科大学医学部附属病院
主著書：『児童・青年期臨床に活きるロールシャッハ法』（分担執筆）金子書房 2013，『臨床心理学――やさしく学ぶ』（分担執筆）医学出版社 2009　など

シナリオで学ぶ医療現場の臨床心理検査

2010 年 8 月 30 日　第 1 刷発行
2019 年 9 月 25 日　第 4 刷発行

著　　者	津　川　律　子
	篠　竹　利　和
発 行 者	柴　田　敏　樹
印 刷 者	西　澤　道　祐

発行所　株式会社　誠信書房
〒112-0012　東京都文京区大塚 3-20-6
電話　03（3946）5666
http://www.seishinshobo.co.jp/

あづま堂印刷　協栄製本　　　落丁・乱丁本はお取り替えいたします
Ⓒ Ritsuko Tsugawa & Toshikazu Shinotake, 2010　　Printed in Japan
ISBN978-4-414-40063-2 C3011

JCOPY ＜出版者著作権管理機構　委託出版物＞
本書の無断複写は著作権法上での例外を除き禁じられています。複写される場合は，そのつど事前に，出版者著作権管理機構（電話 03-5244-5088，FAX 03-5244-5089，e-mail: info@jcopy.or.jp）の許諾を得てください。

インタビュー 臨床心理士 1・2

津川律子・安齊順子編

日本における臨床心理学の黎明期を支え、今もリードし続けている臨床心理士へのインタビューを通して、日本の臨床心理学の歩みとそのあり方を示す。登場者は、いかにして臨床心理士を志すようになり、いかにして臨床心理士として生きてきたかを忌憚なく語る。その豊富な体験談を通じて、知られざる登場者の素顔と真の臨床心理士の姿が浮かび上がる。

インタビュー登場者
【1巻】
成瀬悟策｜九州大学名誉教授
森崎美奈子｜帝京平成大学教授
橘 玲子｜新潟青陵大学大学院教授
藤岡淳子｜大阪大学大学院教授

【2巻】
村瀬嘉代子｜大正大学大学院教授
鶴 光代｜跡見学園女子大学教授
鵜養啓子｜昭和女子大学教授
平木典子｜東京福祉大学大学院教授

A5判並製　各定価(本体1500円+税)

臨床心理士をめざす大学院生のための精神科実習ガイド

津川律子・橘 玲子編著

大学側、受け入れる病院側、そして病院スタッフの立場からの率直な提言を掲載し、精神科実習の基本と必要性について明らかにした。

主要目次
第Ⅰ章　臨床心理実習における精神科実習の意味
1. 臨床心理士になるための指定大学院における実習カリキュラム
2. 臨床心理実習の達成目標
3. 臨床心理士志望大学院生が実際に実習に行っている学外機関 / 他

第Ⅱ章　精神科実習の実際
1. 実習前に考えておきたいこと，準備しておくべきこと
2. 大学病院精神科での実習
3. 大学病院精神科での実習を終えて / 他

第Ⅲ章　いろいろな立場からみた精神科実習
1. 精神科実習担当者から
2. 送り出す教員の立場から
3. 精神科実習で学んだこと——統合失調症患者との出会いをとおして / 他

A5判並製　定価(本体2500円+税)

心理臨床実践
身体科医療を中心とした心理職のためのガイドブック

矢永由里子 編

ベテランが現場を語り読者に実践へのヒントを投げかける。より良い出会い、アセスメント、カルテの書き方、地域と繋がる臨床のために。

目次
第Ⅰ部　実践編 その1──出会う・関わる
第1章　出会うということ
第2章　アセスメント
第Ⅱ部　実践編 その2──伝える・表現する
第3章　チーム医療
第4章　カルテなどを通して表現するということ
第Ⅲ部　地域臨床実践編──拓く・つながる
第5章　拓く──地域へ向けて
第6章　地域でつながる・活動するということ
第Ⅳ部　思索編──考える・自らに問う
第7章　心理臨床を追い求めて
　　　　──心理臨床のエッセンス
第8章　臨床で意識したい視点と今後の取り組みのヒント／他

A5判並製　定価(本体2700円＋税)

描画療法入門

高橋依子・牧瀬英幹 編

描画療法のさまざまな理論から学校・病院・高齢者・家族における実践まで、事例をあげながら具体的・実践的に解説する高密度の概説書。

主要目次
序　章　描画療法の発展と意義
第Ⅰ部　描画療法の諸理論と事例
第1章　精神分析的心理療法の枠組みのなかでの描画療法
第2章　マーガレット・ナウムブルグとスクリブル法
第3章　クライン派理論を基盤としたアセスメント描画法
　　　　──「自由描画法」によるこどものこころの世界の探索／他
第Ⅱ部　心理臨床場面における描画療法の実際
第6章　学校臨床における描画療法
第7章　がん患者の描画療法
第8章　認知症の描画療法
第9章　合同描画療法──治療チームによる家族グループへの適用を中心に

A5判並製　定価(本体2500円＋税)

心の専門家が出会う法律 [新版]
臨床実践のために

金子和夫 監修
津川律子・元永拓郎 編

定評ある書籍の最新版。公認心理師法にも1章を充て、試験対策にも最適。この一冊で心の専門家が関わる法と実務が把握できる。

主要目次
第Ⅰ部　基本関係法
第1章　心の臨床実践に関連する法律の全体像
第2章　自殺対策について
第3章　災害における心のケア
第5章　公認心理師法／他
第Ⅱ部　医療・保健・福祉
第6章　医療現場における法律
第7章　心のサポート関連職種──医療関係
第8章　心のサポート関連職種──福祉／他
第Ⅲ部　対象別・領域別
第13章　学校臨床と法律
第14章　職域におけるメンタルヘルス対策／他
第Ⅳ部　課題別
第20章　心の専門家における倫理
第21章　事故に対する責任／他

A5判並製　定価（本体2400円＋税）

シナリオで学ぶ心理専門職の連携・協働
領域別にみる多職種との業務の実際

鶴 光代・津川律子 編

心理専門職が活躍している医療、教育、福祉、矯正、産業・労働、私設・開業の6領域ごとに、多職種との連携・協働の実際を解説した実践書。各章冒頭の架空事例（シナリオ）によって各領域特有の状況を平易にイメージでき、解説もシナリオの流れに沿って進むので理解しやすい。一人職場や初任者の人でも所属領域の特徴がつかめ、他の専門職が心理専門職に何を求めているのか把握できる。カウンセリング演習のテキストにも最適。

目次
はじめに
第1章　総説
第2章　医療領域
第3章　教育領域
第4章　福祉領域
第5章　矯正領域
第6章　産業・労働領域
第7章　私設・開業領域
おわりに

A5判並製　定価（本体2000円＋税）